Achim Beyer

Urteil: 130 Ja...

Jugendwiderstand in der DDR
und der Prozess gegen die »Werdauer Oberschüler« 1951

C000225466

Schriftenreihe des Sächsischen Landesbeauftragten für die Stasi-Unterlagen

Der Sächsische Landesbeauftragte für die Stasi-Unterlagen

Achim Beyer

Urteil: 130 Jahre Zuchthaus

Jugendwiderstand in der DDR
und der Prozess gegen die »Werdauer Oberschüler« 1951

EVANGELISCHE VERLAGSANSTALT
Leipzig

Die Deutsche Bibliothek – Bibliographische Informationen
Die Deutsche Bibliothek verzeichnet diese Publikation in der Deutschen
Nationalbibliographie; detaillierte bibliographische Daten sind im Internet
über <http://dnb.ddb.de> abrufbar.

2. Auflage 2004
© 2003 by Evangelische Verlagsanstalt GmbH, Leipzig
Printed in Germany · H 6804
Alle Rechte vorbehalten
Gesamtgestaltung: behnelux gestaltung, Halle
Umschlagbild: Haftanstalt Torgau, Fotograf: Steffen Giersch
Druck und Binden: Druckerei zu Altenburg

ISBN 3-374-02070-4
www.eva-leipzig.de

Inhalt

SACHSEN-ANHALT

Torgau

Halle

Leipzig

SACHSEN

Weißenfels

Döbeln

Naumburg

Borna

Waldheim

Zeitz

Altenburg

Bad Köstritz

Ronneburg

Chemnitz

Gera

Crimmitschau

Glauchau

THÜRINGEN

Weida

Berga

Zwickau

Stollberg

Werdau

Greiz

Marienberg

Reichenbach

Aue

Annaberg

Schneeberg

Plauen

Schwarzenberg

Auerbach

Johanngeorgenstadt

Klingenthal

St. Joachimsthal
(Jáchymov)

Hof

TSCHECHIEN

BAYERN

Karlsbad
(Karlovy Vary)

Saale

Mulde

Pleiße

Weiße Elster

Zwickauer Mulde

Zschopau

Eger

Vorwort

»Wir waren politisch wach, hellwach« – so beschreibt der Autor Achim Beyer die Stimmung in seinem damaligen Freundeskreis. Doch für die politisch Interessierten unter der Nachkriegsjugend in der Sowjetzone folgte auf die Aufbruchstimmung bald die Ernüchterung – so auch in Beyers westsächsischer Heimatstadt Werdau. Die Befreiung von der Nazi-Diktatur brachte nur eine kurzzeitige Hoffnung auf Demokratie. Alle, die sich unter dem Motto »Nie wieder eine Diktatur« beim Wiederaufbau einbringen wollten, sind von den neuen Machthabern auf plumpe Weise getäuscht worden: Aus der »*Freien* Deutschen Jugend« wurde ein Instrument zur Gleichschaltung der Jugend. Und aus der 1949 gegründeten »Deutschen *Demokratischen* Republik« machten die SED-Funktionäre eine stalinistische Diktatur, einen Polizeistaat, der die demokratischen Grundrechte systematisch ausschaltete und auf jede kritische Meinungsäußerung mit drastischen Repressionen reagierte.

Achim Beyer gehörte zu jenen Jugendlichen, die sich aus Protest gegen die ersten Scheinwahlen des SED-Staates 1950 in Werdau zu einer Widerstandsgruppe zusammengeschlossen hatten. Sie waren inspiriert durch Veröffentlichungen über die Münchner Widerstandsgruppe »Weiße Rose«. Beim Lesen der Flugblätter gegen das nationalsozialistische Regime drängten sich Parallelen auf zum neuen SED-Regime. Die Jugendlichen nahmen ihre Gegenwart als das wahr, was sie war: als Diktatur. So wurden die Geschwister Scholl zu ihrem Vorbild. Auch die Werdauer Gruppe druckte Flugblätter und verteilte sie heimlich in der Stadt. Im Frühjahr 1951 wurden alle Beteiligten verhaftet. Und am 4. Oktober desselben Jahres sind die »Werdauer Oberschüler«, wie die 19 Jugendlichen genannt wurden, in einem brachialen politischen Prozess zu insgesamt 130 Jahren Zuchthaus verurteilt worden. Am längsten von allen musste Achim Beyer diese Strafe »absitzen«. Die Zeit vom 18. bis zum 24. Lebensjahr hat er unter den menschenverachtenden Haftbedingungen des frühen SED-Staates verbringen müssen. Fünfeinhalb Jahre seiner Jugend war er eingesperrt, hinter den Mauern der berüchtigten Zuchthäuser Waldheim, Torgau, Luckau, Cottbus und des »Roten Ochsen« in Halle.

So wie in Werdau formierte sich in zahlreichen anderen Orten der Sowjetischen Besatzungszone und der frühen DDR unter Schülern und Studenten politischer Widerstand gegen die Etablierung der kommunistischen Diktatur. Der »Fall« der Werdauer Oberschüler ist insofern exemplarisch, als er bereits damals deutschlandweit für Aufsehen sorgte. Das extreme Urteil war über die westlichen Medien bekannt geworden, und viele Menschen in Ost und West solidarisierten sich mit den Betroffenen.

Obwohl Achim Beyer, der kurz nach seiner Haftentlassung in den Westen floh, viele Jahre am Institut für Gesellschaft und Wissenschaft an der Universität Erlangen-Nürnberg über die DDR forschte, konnte er die Hintergründe der damaligen Begebenheiten bis zum Ende der DDR nicht aufhellen. In systematischen Recherchen hat er nach Inkrafttreten des Stasi-Unterlagen-Gesetzes die einst geheimen Akten aus den nun zugänglichen Archiven der früheren DDR zusammengetragen. Mit manchem seiner früheren Mitstreiter hat er sich erneut zusammengesetzt, Erinnerungen ausgetauscht und Dokumente analysiert.

Die Tatsache, dass der Autor Betroffener und Analyst zugleich ist, ist ein großer Gewinn für das Buch. Niemand anders hätte aus der Perspektive der Widerständler und Häftlinge authentischer berichten können, als einer der Betroffenen. Und wohl kaum einer der Mitbetroffenen hätte in den Archiven erfolgreicher recherchieren und aus der Fülle der Dokumente die Absichten und Strategien der Machthaber genauer herausarbeiten können, als der in zeitgeschichtlichen Forschungen erfahrene Achim Beyer.

Ein besonderer Dank gilt dem Berliner Historiker Dr. Falco Werkentin, der die Recherchen intensiv unterstützt und mit großem persönlichen Engagement und bemerkenswertem Einfühlungsvermögen den Autor redaktionell beraten hat. Ebenso muss der Stiftung Sächsische Gedenkstätten gedankt werden, die wichtige Recherchearbeiten des Autors förderte. Für die Behörde der Bundesbeauftragten für die Stasi-Unterlagen ist besonders Herrn Holker Thierfeld von der Außenstelle Chemnitz für die konstruktive Zusammenarbeit zu danken.

Am meisten ist aber dem Autor selbst zu danken: Nicht nur für dieses wertvolle Manuskript, sondern vor allem auch dafür, dass er die Last auf sich nahm, sich für dieses Buch noch einmal intensivst in diese für ihn so unbeschreiblich bedrückenden Jahre hinein zu vertiefen. Achim Beyer hat dies nicht nur für sich getan, sondern stellvertretend für alle Angehörigen der Werdauer Widerstandsgruppe. Er erstellte das Manuskript im Bewusstsein, diese Geschichte auch für diejenigen anschaulich zu machen, die weder die DDR noch die fünfziger Jahre aus eigenem Erleben kennen. Zugunsten der Lesbarkeit hat der Autor auf die Publikation zahlreicher weiterer Dokumente und auf die Erläuterung mancher zeitgeschichtlich interessanter Details bewusst verzichtet. Das vorliegende Buch ist eine sehr gestraffte, komprimierte Darstellung so vieler Erlebnisse und Ereignisse, die aus den etwa 5.000 Blatt Dokumenten und zahlreichen Interviews rekonstruierbar sind. Manches konnte nur andeutungsweise behandelt werden. Und Achim Beyer hat sich – ohne die wissenschaftliche Genauigkeit zu beeinträchtigen – für eine direkte Sprache entschieden, die weder die Insider-Perspektive des Widerständlers und Häftlings noch die persönliche Betroffenheit verleugnet. Nur so kann auch etwas von dem Atmosphärischen vermittelt werden, das zum Verständnis solch extremer Lebenserfahrungen unabdingbar ist.

Der Autor veranschaulicht zugleich beispielhaft politische Rahmenbedingungen, Inhalte und Formen des Widerstands sowie die Methoden und Wirkungen der politischen Verfolgung jener frühen Jahre der SED-Diktatur. So wie es Achim Beyer bei zahlreichen Veranstaltungen immer wieder gelungen ist, Brücken zu schlagen zu der Widerstandsgeneration der siebziger und achtziger Jahre und zur heutigen Jugend, so dürfte auch dieses Buch ein wertvoller Beitrag dazu sein, vor allem unter den jüngeren Menschen Kenntnisse, Verständnis und auch Sympathien für den frühen Widerstand in der DDR zu fördern.

Der frühe Widerstand gegen die kommunistische Diktatur konnte drei bis vier Jahrzehnte lang weder anhand von Dokumenten des Machtapparates aufgearbeitet noch an den Orten des Geschehens gewürdigt werden. Auch wenn dieser Widerstand nicht in dem Maße in die Geschichtsbücher Eingang gefunden hat, wie der gegen die NS-Diktatur; auch wenn er nicht unmittelbar von Erfolg gekrönt war, wie der der ostdeutschen Bürgerrechtsbewegung der späten achtziger Jahre – dieser frühe Widerstand in der SBZ und DDR ist ein fester Bestandteil der demokratischen deutschen Widerstandsgeschichte. Da heute oft auf Defizite des Demokratieverständnisses in der posttotalitären Gesellschaft des »Beitrittsgebietes« verwiesen wird, sei eines betont: Wenn künftig Freiheitswille und Zivilcourage in stärkerem Maße identitätsstiftende Werte für die Menschen in Ostdeutschland werden sollen, dann bedarf es einer angemessenen öffentlichen Würdigung des politischen Widerstands gegen die SED-Diktatur. Und dazu kann das vorliegende Buch einen wichtigen Beitrag leisten.

Michael Beleites   Sächsischer Landesbeauftragter
                          für die Stasi-Unterlagen

Prolog: Wir »Werdauer Oberschüler«

Am 3. Oktober 1951 fand vor der 1. Großen Strafkammer des Landgerichts Zwickau ein Prozess gegen 19 Jugendliche statt. Wir, die Angeklagten, waren überwiegend Schüler der Alexander-von-Humboldt-Oberschule in Werdau/Sachsen. Daher wurde alsbald vom »Werdauer Oberschülerprozess« gesprochen. Nach nur wenigen Stunden Verhandlungsdauer sprach das Gericht am 4. Oktober 1951, morgens gegen 0.30 Uhr, das Urteil:

Mein Schulfreund Joachim Gäbler, zum Zeitpunkt der Urteilsverkündung 18 Jahre alt, erhielt die höchste Strafe: 15 Jahre Zuchthaus. Ich, Achim Beyer, in der Stunde der Urteilsverkündung gerade 19 Jahre alt geworden, kam mit acht Jahren davon. Es ist für mich ein unvergesslicher Geburtstag geworden. Insgesamt bewegten sich die Strafen zwischen zwei Jahren Zuchthaus – die Jüngste unter uns war die 16-jährige Anneliese Stets – und den bereits genannten 15 Jahren Zuchthaus für Joachim Gäbler. Acht von uns kamen erst im Herbst 1956, nach fünfeinhalb Jahren Haft, wieder frei.

Welche Verbrechen hatten wir begangen, die so unglaublich harte Strafen gegen Jugendliche hätten begründen können? Wurde Joachim Gäbler wegen Mord und Totschlag verurteilt? War ich Mittäter? Ging es darum, Bombenanschläge und Brandstiftungen zu bestrafen? Hatte Anneliese Stets dabei »Schmiere« gestanden oder war sie zumindest in entsprechende Pläne eingeweiht und hatte diese nicht zur Anzeige gebracht?

In der Anklageschrift wurde uns vorgeworfen, »Boykotthetze gegen demokratische Einrichtungen und Organisationen betrieben [...] im bewußten und gewollten Zusammenwirken Anfang Oktober 1950 eine Widerstandsgruppe in Werdau gegen die Deutsche Demokratische Republik gegründet, die Verbindung mit der Kampfgruppe gegen Unmenschlichkeit in Westberlin aufgenommen und auf Weisung dieser die Herstellung und Verbreitung von Hetzzetteln vorgenommen« zu haben.

(Stadtmuseum Werdau)

Ein zeitgenössischer Blick auf die westsächsische Kleinstadt Werdau.

Und weiter hieß es in dieser Anklageschrift, dass »alle An-geschuldigten sich eines der schwersten Verbrechen schuldig gemacht« hätten, denn »sie haben durch ihre verbrecherischen Machenschaften versucht, die feste demokratische Ordnung des antifaschistisch-demokratischen Blockes ins Wanken zu bringen« und hätten »klar zu erkennen gegeben, daß sie die Feinde des Friedenslagers der 800 Millionen friedliebender Menschen sind. Sie haben sich selbst durch ihre verbreche-rischen Handlungen aus der Gemeinschaft der friedliebenden Menschheit ausgeschlossen. Wir werden es nicht zulassen, daß die Erfolge im Kampf um die Einheit Deutschlands und die Erhaltung des Friedens, sowie des friedlichen Aufbaus, durch solche Elemente zunichte gemacht werden.«

Was waren konkret jene »schwersten Verbrechen«, mit denen wir Jugendlichen angeblich »die feste demokratische Ordnung des antifaschistisch-demokratischen Blockes ins Wanken« gebracht hatten?

Was war das überhaupt für eine »demokratische Ordnung«, in der wir nach dem Ende des Zweiten Weltkrieges in der Sowjetischen Besatzungszone, die seit dem 7. Oktober 1949 Deutsche Demokratische Republik genannt wurde, aufwuchsen? Und was waren unsere Motive, eine Widerstandsgruppe gegen diese »Ordnung« zu bilden?

Um diese Fragen geht es in dieser Publikation. Ich stütze mich dabei nicht nur auf meine Erinnerungen und auf viele Gespräche, die ich vor und vor allem nach dem Ende der DDR mit vielen Mitverurteilten geführt habe. Herangezogen habe ich auch ca. 5.000 Seiten aus Aktenbeständen über unsere Verhaftung und Verurteilung, über die Haftzeit und die Bemühungen unserer Eltern, uns vorzeitig aus der Haft zu bekommen.[1] An einigen Stellen enthält diese Broschüre im Faksimile Dokumentenauszüge aus diesen Akten.

Wir waren keineswegs die einzigen Schüler und jungen Leute, die in den Anfangsjahren der DDR politischen Widerstand gegen die neue Diktatur leisteten – denn so erlebten und bewerteten wir die damalige politische Entwicklung. So wie wir wurden viele von der DDR-Justiz in politischen Prozessen zu langjährigen Zuchthausstrafen verurteilt.

Manche traf es noch schlimmer als uns: Militärgerichte der Roten Armee, sie hießen sowjetische Militärtribunale, kurz: SMT, sprachen sogar viele Todesurteile gegen deutsche Jugendliche aus, die auch häufig vollstreckt wurden.

Doch auch von einem deutschen Gericht wurde im Januar 1951 gegen einen Oberschüler in einem politischen Prozess ein Todesurteil ausgesprochen. Es motivierte uns und viele andere zum verstärkten politischen Widerstand.

Die »Werdauer Oberschüler« sind ein Beispiel unter vielen, wie die SED-Diktatur damals mit kritischen jungen Menschen umging. Weitere herausragende Beispiele für Widerstand an Oberschulen sind u. a. Altenburg, Eisenberg, Güstrow, Werder/Havel. Bemerkenswert, dass sich überall die Motive, die

---

1 Die Dokumente wurden vor allem in Archiven des ehemaligen Ministeriums für Staatssicherheit (MfS) gefunden, die seit 1990 vom Bundesbeauftragten für die Unterlagen des Staatssicherheitsdienstes der ehemaligen DDR (BStU) verwaltet werden. Weitere Recherchen in verschiedenen Archiven (Partei-Archive; Staatsarchive der ehemaligen DDR u.a.) erbrachten zusätzliche Funde.

Aktionen, die Methoden des Widerstands ähnelten, mitunter sogar glichen, so wie die ausgesprochenen und vollstreckten Urteile. Wie jeder andere, so weist auch unser »Fall« einige Besonderheiten auf.

Die am 4. Oktober 1951 vom Landgericht Zwickau verurteilten Schüler aus Werdau/Sachsen, ihr Lebensalter bei Urteilsverkündung und das jeweilige Strafmaß

Joachim Gäbler	18 Jahre	15 Jahre	Zuchthaus
Karl-Heinz Eckardt	16 Jahre	14 Jahre	Zuchthaus
Gerhard Schneider	19 Jahre	13 Jahre	Zuchthaus
Sigrid Roth	17 Jahre	12 Jahre	Zuchthaus
Theobald Körner	18 Jahre	10 Jahre	Zuchthaus
Heinz Rasch	19 Jahre	10 Jahre	Zuchthaus
Achim Beyer	19 Jahre	8 Jahre	Zuchthaus
Günter Fritzsche	17 Jahre	7 Jahre	Zuchthaus
Gerhard Büttner	17 Jahre	6 Jahre	Zuchthaus
Hermann Krauß	18 Jahre	6 Jahre	Zuchthaus
Gottfried Karg	19 Jahre	5 Jahre	Zuchthaus
Siegfried Müller	19 Jahre	5 Jahre	Zuchthaus
Walter Daßler	31 Jahre	5 Jahre	Zuchthaus
Manfred Stets	24 Jahre	3 Jahre	Zuchthaus
Günther Kahler	19 Jahre	3 Jahre	Zuchthaus
Gudrun Pleier	18 Jahre	2 Jahre	Zuchthaus
Edgar Göldner	17 Jahre	2 Jahre	Zuchthaus
Wolfram Schürer	18 Jahre	2 Jahre	Zuchthaus
Anneliese Stets	16 Jahre	2 ½ Jahre	Zuchthaus

(Archiv Beyer)

Werdauer Tanzstundenabschlussball 1950: (1) Joachim Gäbler, (2) Theobald Körner, (3) Heinz Rasch, (4) Sigrid Roth, (5) Siegfried Müller, (6) Gerhard Schneider, (7) Hermann Krauß, (8) Gudrun Pleier, (9) Achim Beyer.

Die »Weiße Rose« war unser Vorbild:
Nachkriegsjugend in der Sowjetischen Besatzungszone

Wie entstanden unsere Motive für den aktiven politischen Widerstand gegen die neuerliche Diktatur? Einige von uns »Werdauer Oberschülern« hatten altersgemäß noch die braune Uniform des »Deutschen Jungvolk« getragen, eine Jugendorganisation der Nazis, in der Mitglied zu sein Pflicht war. Mindestens zweimal wöchentlich waren wir zu Schulungsnachmittagen, zum Marschieren, zu »Geländespielen« oder sonst einem »Führerdienst« verpflichtet, wir wurden auf den »Kriegsdienst« vorbereitet gemäß jener damals geltenden unsäglichen Losung »Führer befiel, wir folgen Dir«. Nur knapp entgingen einige von uns der Einberufung zum »Volkssturm«, dem »letzten Aufgebot« Adolf Hitlers aus Kindern, Jugendlichen und alten Männern. Sie sollten gegen die heranrückenden alliierten Armeen kämpfen und fanden dabei in großer Zahl den so genannten Heldentod.

Das Kriegsende 1945, der Sommer dieses Jahres führte bei nicht wenigen von uns zunächst zu einem geistigen Zusammenbruch, denn eine »unbesiegbare Idee« hatte plötzlich ein totales, schmähliches Ende gefunden. Diese Zeit war zugleich ein befreiender Neuanfang (endlich Frieden!), verbunden mit Ungewißheiten (wie wird »der Feind«, die Besatzungsmacht mit uns umgehen?), mit Neugier (wie wird es weitergehen?), Ablehnung, Verweigerung, Ängsten und Aufbruchstimmung.

Sozialdemokraten und Liberale, Kommunisten und Bürgerliche, welche die NS-Herrschaft in der inneren Emigration, im Widerstand oder gar in einem der Nazi-Konzentrationslager (KZ) überlebt hatten, berichteten uns von den fürchterlichen Verbrechen der NS-Diktatur. Die damit ausgelösten Diskussionen führten bei vielen Jugendlichen zu der Überzeugung: »Nie wieder Krieg«, »Nie wieder eine Uniform«, vor allem aber »Nie wieder eine Diktatur«.

Es kam die Aufforderung zur Mitarbeit beim Neuaufbau, zum Aktiv-Sein – und sie wurde uns überzeugend vermittelt. Im Gründungsaufruf der Kommunistischen Partei Deutschland (KPD) in der Sowjetischen Besatzungszone (SBZ) vom 11. Juni 1945 hieß es, dass eine »parlamentarisch-demokratische Republik mit allen demokratischen Rechten und Freiheiten« aufgebaut werden sollte. Nach dem ersten »Nachhilfeunterricht in Demokratie« waren wir begeistert und bereit, uns einzubringen.

Mit der Wiederaufnahme des Schulbetriebes im Oktober 1945 wurde den Schülern erklärt, es komme nunmehr in der Hauptsache darauf an, sie zu »selbständig denkenden Menschen« zu erziehen. Nicht wenige glaubten anfangs den Versprechungen, dass in der SBZ eine demokratische Gesellschaft mit allen persönlichen Grundrechten etabliert werde, und setzten sich für diese neue, »junge Demokratie« ein.

In jener Aufbruchstimmung beeindruckten und überzeugten uns die Texte von Liedern der 1946 gegründeten und zu dieser Zeit noch überparteilichen Freien Deutschen Jugend (FDJ). Gern gesungen wurde von uns zum Beispiel das 1937 entstandene Lied »Das Neue Leben« von Louis Fürnberg:

»Das neue Leben muss anders werden
als dieses Leben, als diese Zeit.
Dann darf's nicht Hunger, nicht Elend geben.
Packt alle an, dann ist es bald soweit!
Komm mit, Kamerad, steh nicht abseits, Kamerad,
unser Kampf, Kamerad, ist auch dein Kampf.
Halte Schritt, halte Schritt,
komm ins neue Leben mit!
Auf dich kommt es an, auf uns alle.«

Und begeistert sang ich Reinhold Limbergs Lied »Bau auf, bau auf«, das in diesen Jahren zur inoffiziellen FDJ-Hymne wurde und in dem die Zeilen zu finden sind:

»Bau auf, bau auf – bau auf, bau auf,
Freie Deutsche Jugend, bau auf.
Für eine bessere Zukunft
richten wir die Heimat auf.

Allüberall der Hammer ertönt,
die werkende Hand zu uns spricht:
Deutsche Jugend, pack an,
brich dir selber die Bahn für Frieden, Freiheit und Recht.
Kein Zwang und kein Drill,
der eigene Will' bestimme dein Leben fortan.
Blicke frei in das Licht, das dir niemals gebricht.
Deutsche Jugend, steh deinen Mann.«

Ich wurde 1947 aus Überzeugung FDJ-Mitglied. Auch andere Freunde waren bereit, die »neue Gesellschaft« mit aufzubauen. Doch die »Delegierung« auf eine FDJ-Bezirksjugendschule zu einem mehrwöchigen Lehrgang im Frühjahr 1950 erzeugte bei mir heftige »ideologische Bauchschmerzen«. Der Lehrgang öffnete mir die Augen nicht nur über den Widerspruch zwischen Theorie und Praxis (weshalb viele meiner Freunde und auch ich anfangs meinten, die Praxis verbessern zu müssen, denn die Theorie schien uns schlüssig und überzeugend), sondern über Widersprüche in der marxistisch-leninistischen oder genauer: der stalinistischen Gesellschafts-Theorie.

Achim Beyer (l.) und Joachim Gäbler (r.) im Jahr 1950.

Während wir noch hoffnungsvoll am Aufbau eines »neuen Deutschland« mitarbeiten wollten, wandelte sich in der SBZ die politische Situation zunehmend deutlicher.

Wieder wurden Menschen aus politischen Gründen verfolgt und verhaftet, wieder verschwanden Bürger spurlos. Darunter waren viele Sozialdemokraten wie Gerhard Weck, der erste Oberbürgermeister von Werdau in der Nachkriegszeit. Er war von den Nationalsozialisten im KZ Buchenwald gefangengehalten worden; 1948 wurde er von den Sowjets wegen »Sozialdemokratismus« und Kontakten zu Kurt Schumacher verhaftet und im Sowjetischen Speziallager in Bautzen inhaftiert. Gerhard Weck war aus politischen Gründen insgesamt 18 Jahre in Haft.

Bereits kurz nach der Vereinigung von SPD und KPD in der SBZ zur Sozialistischen Einheitspartei Deutschlands (SED) im April 1946, von den meisten Sozialdemokraten als Zwangsvereinigung erlebt, und noch vor Gründung der DDR wurde jegliche politische Opposition weitgehend ausgeschaltet.

Liberale Kräfte der CDU und der Liberaldemokratischen Partei (LDP) wurden ebenso wie ehemalige SPD-Mitglieder von der politischen Willensbildung ausgeschlossen, die Führungskader der Blockparteien durch SED-ergebene Funktionäre ersetzt. Es begann ein unerbittlicher »Kampf gegen den Sozialdemokratismus«. Besonders in Werdau und Crimmitschau vermutete die SED »Hochburgen der Schumacher-Agenten«. Damit waren Sozialdemokraten in der SBZ/DDR gemeint, die zu ihren Parteifreunden in den westlichen Besatzungszonen Kontakt hielten, wo Kurt Schumacher, ein ehemaliger KZ-Häftling, der SPD-Parteivorsitzende war.

1948 wurde die SED zur stalinistischen »Partei neuen Typus« umgewandelt mit nachhaltigen Folgen für die innerparteiliche Demokratie und Entscheidungsbildung. Die folgenden Jahre wurden in der SBZ/DDR zur Hoch-Blüte der Stalin-Ära mit allen Wesensmerkmalen einer neuen Diktatur.

Wir FDJler wurden plötzlich »eingekleidet«, die so uniformierten »Blauhemden« bekamen feierlich Kleinkaliber-Gewehre überreicht, Lenins Lehre von den »gerechten und ungerechten Kriegen« wurde in den Schul-Unterricht eingeführt. Die politischen Versprechungen des Jahres 1945 »nie wieder eine Uniform«, »nie wieder Krieg«, »nie wieder eine Diktatur« schienen vergessen.

Es kamen weitere Ereignisse hinzu. 1948/49 wurden die Zugangswege zu den West-Sektoren Berlins von der Roten Armee unterbrochen, so dass West-Berlin durch eine Luftbrücke versorgt werden musste (Berlin-Blockade), 1949 kam es zur Gründung zweier deutscher Staaten, im Juni 1950 überschritten Truppen des kommunistisch regierten Nordkorea die Demarkationslinie zu Südkorea (Korea-Krieg). Diese und weitere Ereignisse im »Kalten Krieg« gaben Anlass zum politischen Nachdenken.

(Archiv Beyer)

Bekenntnis: Kugelkreuz über FDJ-Abzeichen.

Viele Jugendliche – so auch einige der »Werdauer Oberschüler« – suchten und fanden moralischen Beistand in der »Jungen Gemeinde«; einem losen Zusammenschluss junger evangelischer Christen. Dort wurde Toleranz vermittelt und das Wissen, dass es neben dem Marxismus-Leninismus-Stalinismus noch andere »Weltanschauungen« gab und gibt. Wie die Akten ausweisen, fiel bei der Überprüfung von 153 Oberschulen in der Sowjetischen Besatzungszone im Frühjahr 1949 die Aktivität der »Jungen Gemeinde« an der Oberschule Werdau besonders auf (siehe Faksimile im Dokumentenanhang).

Auf einem passbild-ähnlichen Foto vom Januar 1951 ist zu erkennen, dass ich das »Kugelkreuz« – Bekenntnis-Zeichen der »Jungen Gemeinde« – *über* dem FDJ-Abzeichen angebracht hatte, welches ich als damaliger FDJ-Funktionär tragen musste.

(Archiv Beyer)

Faschingsfeier der Werdauer Abiturklasse 1951.

Wir waren fröhliche junge Menschen, wir tanzten gern, wir feierten gern.

Wir waren politisch wach, hellwach. Mit unseren die offizielle Agitation und Propaganda noch übersteigernden – und damit persiflierenden – »Diskussions-Beiträgen« brachten wir häufig besonders die Geschichtslehrer in Verlegenheit und Argumentationsnöte. Zugleich waren wir fleißige und gute bis sehr gute Schüler – die Zeugnisse bekunden dies eindeutig.

In der Oberschule Werdau wurde insbesondere vom Schulleiter Heß und anderen Lehrern jegliche politisch »nicht linientreue« Meinungsäußerung mit der Androhung empfindlicher Schulstrafen unterbunden – dies konnte bis zur Relegierung gehen. Gleichzeitig motivierte uns der Schulleiter ungewollt zur politischen Opposition durch seine ständige Verklärung des kommunistischen Widerstandes gegen die NS-Diktatur. Widerstand gegen eine Diktatur – so seine Botschaft – sei

(Stern)

Der Werdauer Schulhof im Jahr 1951.

notwendig und ehrenvoll. Nur verstanden der Schulleiter und seine SED-Genossen in der Lehrerschaft nicht, dass viele von uns zu vergleichen begannen und viele Ähnlichkeiten zwischen der NS-Diktatur und der politischen Entwicklung in der DDR erkannten. In einem vertraulichen Bericht der SED-Landesleitung Sachsen über den Prozess und seine Auswirkungen heißt es, der Schulleiter Heß habe »so berichtet, daß die Schüler daraus den Schluß ziehen konnten, daß eine solche Arbeit auch heute noch eine mutige Tat ist«.[2]

Zur so genannten antifaschistischen Erziehung gehörte es, uns mit der Geschichte der Geschwister Scholl aus München und ihren Flugblättern vertraut zu machen. Sie hatten 1942/43 unter dem Namen »Weiße Rose« einen Widerstandskreis gegen die Hitler-Diktatur gebildet. 1943 wurden sie verhaftet, vom so genannten Volksgerichtshof zum Tode verurteilt und hingerichtet.

2   SHA, SED-Landesleitung Sachsen A/970.

Aus einem Flugblatt des Jahres 1943

Die weiße Rose

Im Namen der deutschen Jugend fordern wir vom Staat Adolf Hitlers die persönliche Freiheit, das kostbarste Gut des Deutschen zurück, um das er uns in der erbärmlichsten Weise betrogen. In einem Staat rücksichtsloser Knebelung jeder freien Meinungsäußerung sind wir aufgewachsen. HJ, SA, SS haben uns in den fruchtbarsten Bildungsjahren unseres Lebens zu uniformieren, zu revolutionieren, zu narkotisieren versucht. »Weltanschauliche Schulung« hieß die verächtliche Methode, das Selbstdenken in einem Nebel leerer Phrasen zu ersticken ... Es gilt den Kampf jedes einzelnen von uns um unsere Zukunft, unsere Freiheit und Ehre in einem seiner sittlichen Verantwortung bewußten Staatswesen. Freiheit und Ehre! ...

Quelle: Inge Scholl: Die Weiße Rose. Frankfurt am Main 1955, S. 151ff.

Bei der Lektüre ihrer Flugblätter aus dem Jahre 1943 wurde uns die Ähnlichkeit zwischen dem NS-Regime und dem Stalinismus von 1950 besonders offenkundig: ein Austausch der Begriffe NSDAP gegen SED, »Hitlerjugend« (HJ) gegen FDJ, Gestapo gegen Stasi drängte sich geradezu auf. Damit erschien der politische Widerstand gegen die NS-Diktatur für uns in einem völlig anderen Licht: Es ging nicht mehr nur um eine überwundene Vergangenheit – es ging auch um die gegenwärtige politische Entwicklung. Die Geschwister Scholl wurden für viele Jugendliche zum Vorbild – und dies nicht nur in Werdau, sondern an vielen anderen Orten der DDR.

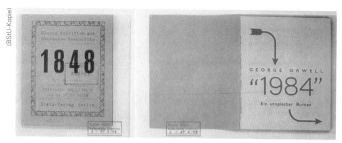

Als Tarnschrift in der Schule: Deckblatt und Innenseite des Orwell-Romans »1984«

Ein anderer Text, der uns stark beeindruckte, war ein Roman des englischen Schriftstellers George Orwell – sein Titel: »1984«. Dieses Buch kursierte als Tarnschrift mit dem Titel »1848«[3] auch in der Oberschule Werdau. Der Autor beschreibt sehr plastisch ein diktatorisches oder totalitäres Regime, in dem von zahllosen Wänden der »Große Bruder« auf die Bewohner des Landes blickt und in dem eine Funktionärssprache benutzt wird, die Orwell als »Neusprech« bezeichnet. Die Menschen in seinem Roman werden zum »Zwiedenken« gezwungen, das heißt dazu, öffentlich ganz anders zu denken und zu sprechen als privat, dabei überwacht von einer »Gedankenpolizei«.

Für uns war das Buch eine sehr eindrückliche Schilderung der Situation des Jahres 1950 in der DDR. Der »große Bruder« blickte in Gestalt Josef Stalins von Plakaten und Häuserwänden Werdaus auf uns; auch uns wurde längst eine »Neusprache« beigebracht, und die »Gedankenpolizei« gab es seit 1950 in Gestalt des gerade gegründeten Ministeriums für Staatssicherheit (MfS) oder kurz: Stasi genannt.

Die damalige Zeit war in der Sowjetischen Besatzungszone extrem politisiert. Insbesondere Jugendliche sollten zu politischen Menschen im Sinne der SED erzogen werden und wurden ständig zur »Stellungnahme« aufgefordert. Das Erziehungsergebnis war allerdings sehr unterschiedlich.

---

3 Ein vom MfS beschlagnahmtes Exemplar trägt die Signatur BStU L-AP 3/58.

Erziehungsdiktatur im Vormarsch: Maidemonstration 1951 in Werdau.

Ein bekannter DDR-Historiker – 1951 erfuhr er als Abiturient in Dresden von der Verhaftung einiger Werdauer Oberschüler – formulierte 1997 folgende Einschätzung:

»Da die jungen Menschen sich während der NS-Zeit an einen Führer gewöhnt hatten, suchten sie unwillkürlich nach einer neuen Führung. Nicht wenige, die einst Hitler zujubelten, begeisterten sich nunmehr für Stalin, nahmen keinen Anstoß daran, statt im Braunhemd im Blauhemd zu marschieren und alte Lieder mit neuem Text zu singen.«[4]

---

4   Joachim Petzold: Ideale und Idole im Schatten Hitlers und Stalins. Dresdener Oberschüler auf dem Wege aus dem Dritten Reich in die DDR, Potsdam 1997, S.245.

Führerkult: Die SED-Propaganda der frühen 50er Jahre.

Genau hier teilten sich in der SBZ/ frühen DDR jedoch die Biographien von Jugendlichen – meist mit nachhaltiger Wirkung. »Nicht wenige« verhielten sich tatsächlich so, wie im Zitat beschrieben, wurden zu Stützen, zu Trägern des SED-Regimes, wurden »Funktionsträger« und nahmen verantwortliche Positionen im Partei- und Staatsapparat oder beim Ministerium für Staatssicherheit wahr.

Es gab aber auch »nicht wenige«, die schon damals anders dachten und handelten – so wie wir Schüler der Werdauer Oberschule.

Unsere »Verbrechen«: Die Aktionen der Gruppe

In zahlreichen vorsichtigen Gesprächen – offene politische Diskussionen waren extrem gefährlich – zwischen Freunden und Schulkameraden wurde allmählich der gemeinsame Wille deutlich, die neue politische Entwicklung nicht widerspruchslos hinzunehmen oder gar mitzuvollziehen, sondern etwas dagegen zu unternehmen, eine Widerstandsgruppe gegen das herrschende SED-Regime zu bilden und Aktionen durchzuführen. Dabei vermengte sich Idealismus, Widerspruchsgeist, politische demokratische Überzeugung mit Leichtsinn und Unerfahrenheit.

Aktueller Anlass für unser Aktiv-Werden war die so genannte Volkskammerwahl am 15. Oktober 1950. Den Wählern wurde eine Einheitsliste vorgelegt, bei der es überhaupt keine Möglichkeit gab, zwischen verschiedenen Parteien und Kandidaten zu wählen. Bis 1989 wurde dieses Scheinwahlverfahren in der DDR beibehalten; erst am 18. März 1990, bei der letzten Volkskammerwahl, hatten DDR-Bürger zum ersten Mal die Möglichkeit, auf dem Wahlzettel zwischen verschiedenen Parteien und deren Kandidaten zu entscheiden.

Im Vorfeld der Volkskammerwahl im Oktober 1950 gab es eine massive politische Kampagne, in der die Bürger aufgefordert wurden, möglichst zahlreich zur Wahl zu gehen und mit »Ja« zu stimmen. Die Benutzung der – häufig versteckten und auch verstellten – Wahlkabine wurde registriert, um Wähler abzuschrecken, den Wahlzettel durchzustreichen. Zusätzlich wurde die Stimmabgabe mit einem politischen Bekenntnis verbunden, welches mit der Wahl weder formal noch inhaltlich zu tun hatte. Die Stimmzettel waren mit dem Zusatz versehen: »Für Einheit und gerechten Frieden«. Wer gegen die Kandidaten auf der Einheitsliste stimmte, konnte folglich als Gegner von Einheit und Frieden angesehen und unter Druck gesetzt werden. Jede Diskussion – ob in der Schule oder in der FDJ oder sonst in der Öffentlichkeit – über diese offensichtlich auch der DDR-Verfassung vom 7. Oktober 1949 widersprechenden Maßnahmen wurde unterbunden. Für uns waren dies nur pseudo-demokratische Scheinwahlen.

Die einzige Möglichkeit, sich zu äußern, bestand darin, Handzettel – damals »Flugblätter« genannt – mit einem überzeugenden, griffigen Text herzustellen und heimlich zu verteilen. Dieses Vorhaben war jedoch 1950 nur überaus schwierig zu realisieren. Papier war rationiert; selbst für den Kauf von Schulheften war eine Lehrer-Unterschrift erforderlich. Wir waren erfinderisch im »Organisieren«. Technische Geräte gab es praktisch keine: heute übliche und allgemein zugängliche Fotokopiergeräte waren noch nicht einmal erfunden; einfache Druck-Apparate gab es kaum, ihre Beschaffung scheiterte an den für Schüler nicht aufbringbaren Kosten. Die damals seltenen Wachs-Matrizen-Drucker können heute in Museen besichtigt werden.

Was uns blieb, war ein einfacher Handdruck-Kasten, mit dessen Hilfe etwa 500 Flugblätter mit folgendem Text hergestellt wurden:

»Wir alle sehnen uns nach Frieden, nach der Einheit Deutschlands in Freiheit - Weg mit den Volksverrätern, wählt mit NEIN«

Dieser Text gibt die politischen Ziele der »Werdauer Oberschüler« am deutlichsten wieder:

Es ging uns um Einheit, Frieden und vor allem Freiheit!
Von diesem Flugblatt ist kein Original erhalten geblieben. Der Text ist allerdings mehrfach dokumentiert: in Fundberichten der Volkspolizei, in mehreren Vernehmungsprotokollen des MfS, im Text des Urteils.

Mit Flugblättern gegen die Scheinwahlen des SED-Staates: Fundbericht der Volkspolizei.

In der Folgezeit gab es noch mehrere Flugblattaktionen, dazu die Störung von politischen Veranstaltungen mittels »Stinkbomben« (es handelte sich um Glasröhrchen, gefüllt mit einer übel riechenden, aber ungiftigen Flüssigkeit) und die Beschädigung von Bildern Stalins und der Parteiführer der SED: Walter Ulbricht, Wilhelm Pieck und Otto Grotewohl. Aber keine dieser Aktionen hat unsere »Botschaft« so nachhaltig vermittelt wie die vor der »Wahl« 1950.

Bereits nach der ersten Flugblattaktion beschloss Ende Oktober der engere Kreis der Gruppe, Kontakt nach West-Berlin herzustellen. Von der Kampfgruppe gegen Unmenschlichkeit (KgU) wollten wir geeignetes Material für unsere Aktionen erhalten, weil die Eigenherstellung technisch sehr schwierig war. Ein weiterer Grund war: Im Fall einer möglichen Verhaftung sollte die Öffentlichkeit davon erfahren, denn erfahrungsgemäß verschwiegen SED und MfS dies meist – so auch später in unserem Fall.

Die KgU, eine antikommunistische Organisation, war in der Nachkriegszeit in West-Berlin als »Suchdienst« entstanden, um Personen zu registrieren, die in der SBZ verhaftet und in der Folgezeit spurlos verschwunden waren. Zahllose Bewohner der SBZ gingen zur KgU, um dort deren Namen zu melden und gegebenenfalls auch Nachricht zu geben, wenn sie etwas über deren weiteres Schicksal in Erfahrung gebracht hatten.

Bei der KgU wurden unsere »Kuriere« stets wegen der Gefährlichkeit von Flugblatt-Aktionen gewarnt (siehe Faksimile im Anhang). Wir ließen uns jedoch nicht davon abbringen. Auf unser Drängen wurden uns dann Exemplare der auf Dünndruckpapier hergestellten politisch-satirischen Monatszeitschrift »Tarantel«, fertige Flugblätter, Walzen zum Herstellen von Flugblättern und »Stinkbomben« ausgehändigt.

Dadurch wurden unsere Aktionen keineswegs ungefährlicher und einfacher durchführbar, im Gegenteil. Jeder unserer »Kuriere« musste auf der Fahrt von Werdau nach Berlin mit Personenkontrollen rechnen. Auf der Rückfahrt beim Transport des »Materials« war es noch riskanter.

Die von der KgU angefertigten und uns überlassenen Walzen (ähnlich den noch heute üblichen Maler-Rollen, die Muster enthalten) waren brauchbare Hilfsmittel, denn es bedurfte nicht mehr eines Hand-Druckkastens. Da die Texte der KgU keineswegs immer unseren politischen Vorstellungen entsprachen, wurde nach intensiven Diskussionen nicht jede dieser »Vorlagen« genutzt. Bei entsprechender Fertigkeit konnten mit den Walzen relativ schnell auf einem DIN-A4-Blatt zwei Flugblätter gedruckt werden. Doch noch immer war es schwierig, Druckerfarbe zu besorgen und das Farbkissen, auf dem die Walze eingeschwärzt wurde, sowie Gummihandschuhe, um Fingerabdrücke zu vermeiden. Weitere zu lösende Probleme waren: wer konnte vertrauenswürdig und unauffällig bei der

In 1000er Auflage: Mit einer Walze der KgU hergestellte Flugblätter.

Herstellung der Flugblätter (inzwischen war die »Auflage« auf ca. 1.000 angestiegen) mitwirken; wo konnte dies unbeobachtet erfolgen (meist getarnt als »Party« in einem Gartenhaus der Eltern von Sigrid Roth, die dann häufig »Wache stand«); wo konnten die hergestellten Flugblätter zwischengelagert werden, wo wurde die »Technik« versteckt?

Alles das wurde erfolgreich organisiert, wie auch die Einteilung der Gruppenmitglieder für die Verteilung in bestimmten Stadtteilen Werdaus.

Die Flugblatt-Verteilung erfolgte grundsätzlich im Zweier-Team (einer verteilte, der zweite »sicherte«), häufig als Liebespärchen getarnt und immer nachts. Weder die Eltern noch andere Erwachsene (Pfarrer, Lehrer) oder auch Schulfreunde, die nicht zur Gruppe gehörten, wurden in die gefährlichen Aktivitäten eingeweiht. Mancher sagte seinen Eltern, er wolle eine Abendveranstaltung besuchen (»FDJ-Abende« fanden häufig statt), andere kletterten unbemerkt aus dem Fenster ihres Zimmers.

In jene Zeit fiel ein schlimmes, ein schreckliches Ereignis. Das Landgericht Dresden verurteilte am 10. Januar 1951 in einem öffentlichen Schauprozess in Olbernhau/Erzgebirge den damals 19jährigen Schüler Hermann Josef Flade zum Tode.[5] Wie wir – allerdings als Einzelgänger – hatte er vor der so genannten Volkswahl 1950 mit einem Handdruckkasten Flugblätter angefertigt. Beim Verteilen wurde er von einer Polizeistreife überrascht und gestellt. Er setzte sich mit einem Taschenmesser zur Wehr, verletzte einen Polizisten leicht und konnte zunächst entkommen. Wenige Tage später wurde er verhaftet. Aufgrund weltweiter Proteste sah sich die SED-Justiz gezwungen, am 29. Januar 1951 einen zweiten Prozess durchzuführen: es war ebenfalls ein öffentlicher Prozess mit der gleichen Besetzung von Justiz-Funktionären wie bei der ersten Hauptverhandlung. Das »neue« Urteil lautete: 15 Jahre Zuchthaus.[6]

---

5 Siehe seine Autobiographie: Hermann Flade: Deutsche gegen Deutsche, Freiburg 1963; Karl Wilhelm Fricke: Überzeugt von seiner gerechten Sache. in: Sächsische Justiz in der sowjetischen Besatzungszone und der frühen DDR. 1945 bis 1957. Hrsg. Sächsisches Staatsministerium der Justiz, Dresden 1998.
6 Flade verbrachte fast 10 Jahre im Gefängnis, davon viele Jahre in Einzelhaft.

Deutsche !

Die zweite große Strafkammer des Oberlandesgerichts Dresden
fällte ein unmenschliches Urteil. Der achtzehnjährige Oberschüler

     Johann Hermann F l a d e

aus Olbernhau wurde zum Tode verurteilt, weil er das tat,
was alle Deutschen am Tage vor den kommunistischen Einheitswahlen am liebsten getan hätten: er klebte Plakate, auf de -
nen das zu lesen war, was Sie alle dachten und nicht auszu -
sprechen wagten. Bei seiner Festnahme verletzte er einen Polizisten.

Das nicht gewählte Pankow-Regime greift zu den grausamsten
Maßnahmen um alle freiheitlich und demokratisch denkenden
Menschen in der Ostzone zum Schweigen zu bringen. Sie will
durch ein abscheuliches Urteil die Menschen der Ostzone einschüchtern.

Die Hinrichtung dieses Schülers, der dem ganzen deutschen
Volk als Vorbild dienen möge und dienen wird, muß verhindert
werden. Deutsche, protestiert gegen diesen Urteilsspruch und
fordert die Aufhebung dieses Schandurteils!

WEHRT ! DIE FREIHEIT ERTGEGELN ! FÜR EIN EINHEITLICHES
WAHRHAFT DEMOKRATISCHES DEUTSCHLAND !

Flugblatt mit unserem Text: Protest gegen das Todesurteil Flade.

Besonders das Todesurteil, aber auch die Zeitstrafe von 15 Jahren
sollten abschreckend wirken. Die SED-Führung und ihre will-
fährigen Juristen (meist in Kurzlehrgängen zu »Volksrichtern«
ausgebildete Kommunisten) demonstrierten ihre Macht: selbst
für das Verteilen von letztlich harmlosen Flugblättern durch
Einzelpersonen gab es drakonische Strafen. Um wie viel schlimmer könnte es jenen ergehen, die sich in Gruppen zusammen-
schlossen, um gegen die SED-Herrschaft zu protestieren?

Erstaunlich ist, dass der Widerstand vor allem Jugendlicher
damals nicht abnahm, sondern gerade nach dem Todesurteil
gegen Hermann Josef Flade anschwoll. Dies, obwohl nun jeder,
der gegen die »herrschende Staatsmacht« ein Flugblatt entwarf,
herstellte und gar noch verteilte, die Folgen seines Tuns vor Augen hatte: es kann ein – mein mich ganz persönlich betreffen-
des – Todesurteil sein! Doch weder Einzelkämpfer noch Gruppen zogen sich in dieser Situation verängstigt und verschreckt

zurück. Sie solidarisierten sich vielmehr mit Flade und protestierten auf je eigene Weise gegen dieses Terrorurteil.

In einem von unserer Gruppe verfassten und verteilten Flugblatt zum Flade-Urteil ist u.a. formuliert:

»Das nicht gewählte Pankow-Regime greift zu den grausamsten Maßnahmen um alle freiheitlich und demokratisch denkenden Menschen in der Ostzone zum Schweigen zu bringen. Sie will durch ein abscheuliches Urteil die Menschen der Ostzone einschüchtern. [...] Deutsche, protestiert gegen diesen Urteilsspruch und fordert die Aufhebung dieses Schandurteils!«

An einigen Eisenbahnbrücken pinselten wir mit großen Lettern in Ölfarbe: »Freiheit für Flade!« – später in den MfS-Akten als »Hetzparolenhandmalereien« bezeichnet.

Nach den Motiven seines Widerstandes befragt, machte Heinz Rasch, einer meiner mitverurteilten »Werdauer Oberschüler« gegenüber seinem Stasi-Vernehmer eine Aussage, die dieser etwas holprig wie folgt protokollierte:

»Da ich erkannt habe, dass in der DDR die Ausübung der demokratischen Grundrechte nicht möglich ist, ich denke dabei an keine freie Meinungsäusserung, keine freien demokratischen Wahlen. Missachtung der herkömmlichen Begriffe von persönlicher Freiheit. [...] Im Februar haben wir aufgrund des vom Volksgerichtshofes [sic!] gegen Flade ausgesprochenen Urteils den Entschluss gefasst, gegen dieses Urteil in der Öffentlichkeit aufzutreten. Ich selbst habe den Text entworfen [...] Mit meinen ganzen Handlungen habe ich versucht die Volksmeinung zu beeinflussen, um auf Dinge hinzuweisen die man nicht zu sprechen wagt.«[7]

Mein Mitschüler Joachim Gäbler äußerte während der Verhandlung am 3. Oktober 1951 mutig:

»Ich hatte den Vorsatz gehabt, am neuen Staat mitzuarbeiten. Wohin der Weg jedoch führte, das hat nichts mehr mit Demokratie zu tun. Man versucht Andersdenkende und Andersreligiöse auszuschalten. Es dauerte auch nicht lange, da erschienen die Kz's wieder. Frauen und Männer sperrte man ein. Es sind keine menschlichen Zustände, dass man Angehörige jahrelang auf einen Brief warten lässt. Ich beschloss, gegen die Justiz etwas zu unternehmen. [...] Ich habe hier Terror verspürt.«[8]

---

7   BStU, Ast.Chemnitz, AU 337/53, Ermittlungsverfahren.
8   BStU, Ast.Chemnitz, ASt 337/53, Gerichtsakte, Bd.2.

Sabotageakte verübten wir nicht und wurden uns auch im Urteil nicht vorgeworfen. Wir hatten uns darauf beschränkt, lediglich Flugblätter selbst zu entwerfen, diese mit primitiven Mitteln herzustellen und zu verteilen (überwiegend nachts in Hausbriefkästen, auf Parkbänken usw.) bzw. an geeignete Stellen zu kleben. Die einzigen »Bomben«, die wir warfen, waren so genannte Stinkbomben, mit denen wir mehrere politische Propaganda-Veranstaltungen gestört hatten – zum Beispiel anlässlich der Vorführung eines Filmes zur »Großen Sozialistischen Oktoberrevolution« im Werdauer »Centraltheater«. Ein anderes Mal störten wir mit Stinkbomben eine politische Veranstaltung in den »Kammerlichtspielen«. Über diese Aktionen gibt es nahezu lückenlos detaillierte Meldungen der Volkspolizei an das MfS.

Während einer der Flugblattaktionen wurde im Dezember 1950 ein Stalinbild in der Oberschule beschädigt. Bei der polizeilichen Untersuchung wurden jedoch Oberschüler als Täter ausgeschlossen,[9] ganz im Gegensatz zu einem ähnlichen Vorfall im Jahre 1947. Die Aktivsten der Widerstandsgruppe waren Mitglieder der FDJ (teilweise auch Funktionäre) – zunächst aus Überzeugung, später als Tarnung; einer von uns war zu dieser Zeit sogar SED-Mitglied.

Ein politisches System, das keinerlei Kritik, keinen legalen Widerspruch, keinerlei legale Opposition zulässt, treibt Menschen in den Opportunismus, in die Flucht oder in die Illegalität. Nicht nur wir »Werdauer Oberschüler«, sondern viele Altersgefährten in der SBZ/ DDR entschieden sich mit dem Enthusiasmus, der Frechheit und dem Mut der Jugend zur illegalen Arbeit.

Über unsere Aktionen wurde in Werdau viel und heftig diskutiert. Es überwog die Zustimmung. Wir wurden aber auch beobachtet, es gab auch Verdächtigungen.

9   StAC SED-BPA KMSt IV/4/19/184.

Verhaftung und Untersuchungshaft: Totale Isolierung

In der Nacht vom 18. zum 19. Mai 1951 wurden während einer Flugblattaktion zwei Gruppenmitglieder verhaftet. Als wir am darauf folgenden Morgen in der Schule davon erfuhren, gab es nur kurze Verständigungen über Fluchtwege und -zeiten, alles dilettantisch, da wenig oder nicht geplant. Dazu kam, dass sich einige von uns mitten im Abitur befanden (die schriftliche Prüfung war bereits absolviert) und deshalb zögerten. Andere waren sich – wegen ihrer geringen Beteiligung an Aktionen – überhaupt nicht der großen Gefahr bewusst.

Die an den Aktionen Beteiligten wurden sämtlich verhaftet, in der Mehrzahl am 19. Mai. Die meisten Festnahmen erfolgten in den Wohnungen, einige auf offener Straße durch MfS-Mitarbeiter in Zivil, grundsätzlich mehrere, um jegliche Fluchtmöglichkeit zu verhindern. Mit Handschellen gefesselt ging die Fahrt im zivilen Pkw nach Zwickau in die »Stasi-Villa«. Ich konnte mich zunächst in einer sehr abenteuerlichen Flucht bis nahe Sonneberg an der thüringisch-bayerischen Grenze der Verhaftung entziehen.

Auf die Vernehmungspraktiken beim MfS waren wir verhafteten Schüler überhaupt nicht vorbereitet. Die Verhöre beim MfS wurden keineswegs zimperlich geführt, häufig nachts (tagsüber herrschte Schlaf-Verbot!). Diese als Psycho-Terror zu bezeichnenden Methoden bestätigten später auch meine mit inhaftierten Freunde.

Ich selbst erlebte folgende Verhörsituationen:

In Sonneberg wurde ich in einen total abgedunkelten Raum geführt, auf einen festgeschraubten Hocker gesetzt, von Scheinwerfern angestrahlt und einem Kreuzverhör unterzogen. Am folgenden Morgen sperrte man für einige Zeit einen scharfen Schäferhund in meine Zelle! Bei der Stasi in Dresden wurde psychischer Druck ausgeübt: auf einem langen Tisch waren verschiedene Peitschen unterschiedlicher Größe drapiert, die

»man ja auch anwenden könne«. Es wurde nicht einmal die Provokation zum Selbstmord gescheut: im Umkleideraum zum Duschen gab mir der Aufseher ein Rasiermesser, deutete auf die Wände, die voller roter Flecke waren (ob Blut oder Farbe war nicht eindeutig zu erkennen, sollte wohl auch nicht), und bemerkte beiläufig, es hätten hier »schon viele ihrem Leben ein Ende gemacht« und ich solle das besser nicht tun.

Besonders belastend war die totale Isolierung: Einzelhaft, kein Stück bedrucktes Papier, keine Nachricht von draußen, kein Brief an die Angehörigen, die sich sorgten. Bei den Verhören wurde damit gedroht, die Eltern und Geschwister ebenfalls zu verhaften. Wir alle hatten den Eltern gegenüber die Widerstandsarbeit verheimlicht. Die verzweifelten Eltern schrieben an die Behörden, wollten wissen, wo ihre Kinder waren, wollten mit ihnen sprechen, sie unterstützen. Die Reaktion der Generalstaatsanwaltschaft des Landes Sachsen lautete: »Die Staatsanwaltschaft Zwickau ist kein Auskunftsbüro. Sämtliche Angehörige der in Haft befindlichen Beschuldigten sind davon unterrichtet, daß sich die Beschuldigten in Haft befinden. Bei derartigen Verfahren ist es niemals möglich, der Außenwelt mitzuteilen, in welchem Gefängnis sich die Untersuchungshäftlinge befinden. Das verlangt einfach die Sicherheit unseres Staates. In diesem Zusammenhang wird auch der Staatsanwaltschaft Zwickau mitgeteilt, daß mit der Ausstellung von Sprechgenehmigungen sehr zurückhaltend verfahren werden muß. Vor Anklageerhebung sind Sprechgenehmigungen grundsätzlich bei Verfahren dieser Art abzulehnen.«[10]

Die heute einsehbaren Vernehmungsprotokolle zeigen, wie jeder mehr oder weniger geschickt versuchte, zumindest anfangs jede konkrete Aussage zu vermeiden. Dennoch dauerte es nicht lange, bis die Stasi-Vernehmer genug Material hatten, um einen ersten Zwischenbericht an Erich Mielke, 1951 Staatssekretär des MfS, zu verfassen.[11]

10 BStU, Ast.Chemnitz, ASt 337/53, Staatsanwaltschaft, Handakte.
11 BStU, Ast.Chemnitz, ASt 337/53, Staatsanwaltschaft, Handakte.

»Erkennungsfoto« Joachim Gäbler – Mai 1951.

Nach Abschluss der Verhöre in Dresden ging es »auf Transport« nach Zwickau in die »gerichtliche Untersuchungshaft«. Das Warten auf die Anklage, die Verhandlung und das Urteil schien endlos. Aber die totale Isolierung wurde gelockert; wir Werdauer Oberschüler waren zwar streng voneinander getrennt, konnten aber in der Zelle mit anderen Untersuchungshäftlingen (ebenfalls »politisch« angeklagt) Gespräche führen; es gab erste Kontakte nach draußen: Briefe, Wäschewechsel, jedoch keine Besuche.

In einem abgefangenen Kassiber – ein Freund wollte diese illegale Nachricht mit der Schmutzwäsche aus der Haftanstalt schmuggeln – ist belegt, wie schlecht das Essen war und wie wenig dazu:

»Nun möchte ich Euch über unser Essen berichten. Frühstück besteht aus 3 Scheiben Schwarzbrot und einem Klecks Marmelade dazu ein Pott Kaffee, von Mittag möchte ich nicht sprechen. Abendbrot abermals 3 Scheiben Schwarzbrot dazu einen Würfel Margarine, Speck oder Zucker, auch 2 x Wurst von der Freibank. Und wenn wir 1 x ein Stück Brot zusätzlich bekommen, stürzen wir uns wie die Wölfe darüber, da könnt Ihr Euch denken, was wir für Hunger haben. Die Mörder sind Verbrecher, die hier liegen können, lesen, rauchen, arbeiten, 3 x im Monat eine Kirche und zusätzlich alle 14 Tage ein Paket empfangen. Wir aber dürfen von all dem nichts machen, denn wir werden als Verbrecher beschimpft. In einer 3-Mann-Zelle hocken wir 9 Mann, darin werden Kinder und Greise eingesperrt, und nur wegen ein paar Worten.«[12]

12 BStU, Ast. Chemnitz, ASt 337/53, Staatsanwaltschaft, Handakte.

51/178

»Erkennungsfoto« Achim Beyer – Mai 1951.

Ende September 1951 wurden die Anklageschriften in die Zellen gereicht und durften dort gelesen werden. (In späteren Jahren durften die Anklageschriften vom Untersuchungshäftling nur in einem bestimmten Raum unter Aufsicht gelesen werden.) Ein Rechtsbeistand war nicht gestattet. Uns wurde vorgeworfen, gegen Artikel 6 der DDR-Verfassung aus dem Jahre 1949 verstoßen und damit so genannte Boykotthetze begangen zu haben.

Dieser merkwürdige Artikel wurde bis 1955/57 herangezogen, meist in Verbindung mit Artikel III A III der Kontrollratsdirektive 38, um politischen Widerstand abzuurteilen. Dass dieser Verfassungsartikel gar nicht als Straftatbestand formuliert war – weder wurde das angedrohte Strafmaß genannt noch waren die unter Strafe gestellten Handlungen präzise benannt, wie es in Strafgesetzbüchern in rechtsstaatlicher Tradition vorgesehen ist – daran störten sich die Staatsanwälte und Richter nicht. Auch dass die 1946 erlassene Kontrollratsdirektive 38 der »Bestrafung von Kriegsverbrechern, Nationalsozialisten und Militaristen« galt, wie ihr Titel aussagt, war kein Hinderungsgrund, diesen Artikel auf uns rechtswidrig anzuwenden.

Es gab keine Möglichkeit, sich auf die Verhandlung vorzubereiten: Bei der Überreichung der Anklageschrift wurden Papier und Bleistift verweigert; die Bitte nach Gesetzbüchern wurde zynisch abgewiesen: »Da hätten Sie sich vorher informieren können, jetzt ist es ohnehin zu spät«. Die Anklageschriften wurden wenige Stunden später wieder eingesammelt.

Ich habe mein Exemplar nicht zurückgegeben, sondern in der Zelle versteckt und erklärt, dass wir es als Toilettenpapier benutzt hätten. Eine (erstaunlich flüchtige) Durchsuchung blieb erfolglos. Die später bei einem Besuch von meiner verzweifelten und zugleich mutigen Mutter herausgeschmuggelte Anklageschrift gelangte über Kurier nach West-Berlin und damit an die Öffentlichkeit.

Artikel 6 Abs. 2 der DDR-Verfassung vom 7. Oktober 1949:

»Boykotthetze gegen demokratische Einrichtungen und Organisationen, Mordhetze gegen demokratische Politiker, Bekundung von Glaubens-, Rassen-, Völkerhaß, militaristische Propaganda sowie Kriegshetze und alle sonstigen Handlungen, die sich gegen die Gleichberechtigung richten, sind Verbrechen im Sinne des Strafgesetzbuches. Ausübung demokratischer Rechte im Sinne der Verfassung ist keine Boykotthetze.«

Art. III A III des Abschnittes II der Kontrollratsdirektive 38 über die »Verhaftung und Bestrafung von Kriegsverbrechern, Nationalsozialisten und Militaristen..« vom 12. Oktober 1946

»Aktivist ist auch, wer nach dem 8. Mai 1945 durch Propaganda für den Nationalsozialismus oder Militarismus oder durch Erfindung und Verbreitung tendenziöser Gerüchte den Frieden des deutschen Volkes oder den Frieden der Welt gefährdet hat oder möglicherweise noch gefährdet.«

Das Zwickauer Untersuchungsgefängnis mit dem Verbindungsgang zum Landgericht.

Die »Verhandlung«: Eine Justizposse mit schlimmen Folgen

Die Hauptverhandlung begann am 3. Oktober 1951 pünktlich um 10 Uhr im Landgericht Zwickau. Für 19 Angeklagte dauerte sie insgesamt 14,5 Stunden, die Pausen eingeschlossen. Das Urteil wurde am 4. Oktober 1951 gegen 0.30 Uhr verkündet. Die Strafen lagen zwischen zwei und 15 Jahren Zuchthaus. Unter uns Verurteilten (siehe Seite 14) befanden sich sechs Jugendliche unter 18 Jahren und drei Mädchen.

Zusätzlich wurden alle Angeklagten zu acht bzw. fünf Jahren »Sühnemaßnahmen« gemäß Kontrollratsdirektive 38 verurteilt. Keiner von uns wusste, was dieser Urteilsspruch konkret bedeutete – was besagte die Verurteilung zu »Zuchthaus«, was die »Sühnemaßnahmen«? Es wurde uns aber auch nicht vom Gericht erklärt.

Die wenigen Nicht-Schüler unter den Verurteilten waren mit den Oberschülern befreundet. Manfred Stets – der ältere Bruder der Schülerin Anneliese Stets – hatte sich nur unter Vorbehalt zu Aktionen bereit erklärt, war nur an einer beteiligt und erhielt dafür drei Jahre Zuchthaus. Der zu fünf Jahren Zuchthaus verurteilte Drogist Walter Daßler war mit einem Gruppenmitglied bekannt; er hatte – ohne die Verwendung zu kennen – uns Gummihandschuhe verkauft sowie in einer Einzelaktion (sie wäre von der Gruppe nie unterstützt oder gebilligt worden) Zucker in den Tank des Dienstwagens eines SED-Funktionärs geschüttet. Die SED-Justiz ordnete ihn dennoch den »Werdauer Oberschülern« zu. Einige der auf der Anklagebank Sitzenden sahen sich vor Gericht zum ersten Mal.

In den überlieferten »Justizakten« ist das unsägliche Zusammenspiel zwischen dem MfS, der Generalstaatsanwaltschaft in Dresden, dem Staatsanwalt Piehl und dem Landrichter Hübsch in Zwickau, der SED-Kreisleitung von Zwickau und anderen Instanzen bei der Vorbereitung des Prozesses dokumentiert. Der Prozessablauf war vorher festgelegt worden, die Strafhöhe vorgegeben. Gesetzwidrig wurde bestimmt, kein Jugendstrafrecht anzuwenden.

In einem Dokument vom 29. August 1956 aus der Rechtsabteilung des damaligen DDR-Präsidenten Pieck wird bestätigt, dass die SED-Justiz sogar über die rigiden Regelungen der NS-Justiz hinausgegangen ist:

»Es war das erste Urteil, in dem noch vor Inkrafttreten des neuen Jugendgerichtsgesetzes von der Anwendung des alten Reichsjugendgesetzes, das gegen Jugendliche eine Höchststrafe von 10 Jahren Jugendgefängnis vorsieht, abgegangen worden ist.«[13]

Für jeweils vier Angeklagte war ein »Offizialverteidiger« (Pflichtverteidiger) bestellt worden. Nur wenige Eltern konnten aus finanziellen Gründen einen »Wahlverteidiger« verpflichten, der zudem gleichzeitig Offizialverteidiger für andere war. Erst wenige Minuten vor der Verhandlung sahen und sprachen einige von uns erstmals ihren Rechtsanwalt. Dabei stellte sich heraus, dass diese noch keine Gelegenheit bekommen hatten, die Anklageschrift zu lesen. Doch was konnten (und wollten) Verteidiger damals in einem politischen Prozess überhaupt erreichen? Einer der Rechtsanwälte beantragte während der Verhandlung Einsichtnahme in die Beweisstücke. Er wurde aus dem Publikum niedergeschrieen. Die Beweisstücke – darunter einige Flugblätter – befanden sich in einem vom MfS Dresden versiegelten Umschlag mit der Aufschrift: »Darf nur vom Anklagevertreter während der Hauptverhandlung geöffnet werden.«[14] Das bedeutete, dass weder die Richter noch die Schöffen noch die Verteidiger noch die Angeklagten die Beweisstücke – mithin die Texte der Flugblätter – einsehen durften. Erwähnenswert ist ferner, dass in der Anklageschrift an keiner Stelle der Text der Flugblätter dokumentiert ist. So wurden beim Verlesen der Anklageschrift und während der gesamten »Verhandlung« dem Gericht, der Verteidigung und auch den Zuhörern unsere

13 BArch DA 4/1304.
14 BStU, Ast.Chemnitz, ASt 337/53, Staatsanwaltschaft, Handakte.

politischen Vorstellungen und Ziele verschwiegen: Frieden, Einheit Deutschlands in Freiheit.

Stattdessen wurde davon gesprochen, dass wir »Feinde des Friedenslagers der 800 Millionen Menschen« seien.[15]

Die Anklage und Verurteilung beruhte allein auf den beim MfS erzwungenen »Geständnissen«, eine vom sowjetischen Vorbild übernommene Methode gerichtlicher Beweisführung.

Während der Verhandlung wurde uns abermals Papier und Bleistift verweigert, eine Verständigung mit den Rechtsanwälten verhindert. Über das Verhalten des wegen seines Auftretens in vergleichbaren politischen Prozessen berüchtigten Staatsanwalts Piehl ist in einem der Verhandlungsprotokolle vermerkt: »Von seiten der Anklagevertretung wurde den Angeklagten für ihre Taten und für ihr Benehmen in der Hauptverhandlung eine harte Abfuhr erteilt.«[16]

Aus den SED- und MfS-Akten geht hervor, dass über die Art der Verhandlung, d.h. Öffentlichkeit bzw. Nichtöffentlichkeit, unterschiedliche Auffassungen bestanden und auch mehrfach Veränderungen angeordnet wurden: vom abschreckenden Schauprozess[17] bis zur geheimen Verhandlung »wegen Gefährdung der Sicherheit des Staates«[18]. Schließlich wurde eine besondere Variante der »Öffentlichkeit« gewählt. In einem Prozessbericht für die SED-Führung in Berlin ist hierüber zu lesen:

»Es wurden dann auf Anordnung der Landesstaatsanwaltschaft für die Verhandlung Eintrittskarten ausgegeben und nur fortschrittliche Lehrer der Oberschule Werdau und einige politisch zuverlässige Genossen als Zuhörer zugelassen. [...] Den Eltern der Angeklagten wurde der Zutritt zum Verhandlungssaal verwehrt. Sie waren am Tage des Prozesses schon früh vor dem Gerichtsgebäude erschienen und auch bei der Urteilsverkündung um 0.30 noch dort.«[19]

---

15 So die Anklageschrift. Im schriftlichen Urteil - der Öffentlichkeit nicht zugänglich gewesen - sind hingegen die Formulierungen unserer Flugblätter exakt enthalten!
16 BStU, Ast.Chemnitz, AU 337/53, Ermittlungsverfahren.
17 BStU, Ast.Chemnitz, ASt 337/53, Gerichtsakte, Beiakte.
18 BStU, Ast.Chemnitz, ASt 337/53, Staatsanwaltschaft, Handakte.
19 BArch DY 30 IV 2/13/433.

(Steffen Giersch)

Der Ort des Prozesses: Das Zwickauer Landgericht.

Mir hat sich besonders eine Szene ins Gedächtnis eingebrannt:
Während der Mittagspause wurden wir in einem Vorraum
streng getrennt voneinander aufgestellt, als plötzlich hinter uns,
hinter einer mit weißer Farbe verschmierten Glaswand unsere
Eltern, die wir monatelang nicht sehen durften, unsere Namen
riefen, mit den Fingernägeln die Farbe abkratzten, nur um uns
wieder einmal sehen zu können. Ich werde nie vergessen, wie
ein Polizeikommando mit Gummiknüppeln unsere Eltern aus
dem Gerichtsgebäude trieb; wir hörten sie laut dagegen protestieren und weinend unsere Namen rufen.

Während der Verhandlung durfte niemand mitschreiben,
auch dem Pressevertreter waren Notizen untersagt[20]. Über die
Verhandlung, ihren Ablauf und ihr Ergebnis war die Öffentlichkeit dennoch sehr schnell informiert (vor allem über die Medien in West-Berlin). Unmittelbar nach der Urteilsverkündung
wurde aus den Reihen der Zuhörer, oder wahrscheinlicher der
Justiz-Angestellten, ein ausführlicher Bericht zusammen mit
einem Exemplar der Anklageschrift nach West-Berlin an das
Ostbüro der SPD übermittelt.

Obwohl wir keine Chance hatten, uns über unser Verhalten
während des Prozesses zu verständigen, verhielten sich alle
tapfer, keiner weinerlich (auch keiner der ganz jungen) oder gar

20 Die Akten belegen mehrfach eine entsprechende Anweisung.

reumütig; Gerhard Schneider verweigerte während der gesamten Verhandlungszeit, Siegfried Müller zeitweise die Aussage, weil die Angehörigen nicht an der Verhandlung teilnehmen durften. Über die Verhandlung gibt es mehrere Niederschriften, aber keine davon – auch nicht die vom Vorsitzenden Richter autorisierte – verdient die Bezeichnung Protokoll: Die Uhrzeiten der Sitzungsunterbrechungen sind nirgends exakt vermerkt (gelegentlich der Anfang der Unterbrechung, bei einer anderen Pause der Wiederbeginn der Verhandlung). Aussagen der Angeklagten wurden lediglich bruchstückhaft dokumentiert. Da auch keine Tonaufzeichnung gemacht wurde, gibt es nur Fragmente des Verhandlungs-Verlaufs.

Im Bericht des Stasi-Offiziers Weidauer über die Verhandlung ist vermerkt:[21]

»Besonders zu erwähnen ist, dass während der Vernehmung der Angeklagten Gäbler, Roth, Fritzsche und Beyer, diese Angeklagten eine erneute offene Propaganda für ihre Taten hervorrufen wollten. Sie taten offen kund, einer gerechten Sache gedient zu haben und ihre Meinung auch heute noch nicht geändert zu haben. Der Angeklagte Gäbler brachte zum Ausdruck, dass er für eine »freie Demokratie« gekämpft habe und jederzeit bereit wäre, dasselbe noch einmal zu tun. Alle Angeklagten legten während der Hauptverhandlung ein provokatorisches Benehmen an den Tag und zeigten in fast keinem Punkt irgendwelche Anzeichen von Reue.«

Dass wir uns instinktiv richtig verhalten hatten, belegen heute die vorgefundenen Akten: Die Urteile waren vorher festgelegt worden und wurden auch im Ergebnis der gerichtlichen Verhandlung nicht abgewandelt (Gerhard Schneider erhielt wegen seiner Aussageverweigerung noch eine Strafverschärfung: die Untersuchungshaft wurde nicht auf die Haftzeit angerechnet). Während der Verhandlung hatten mehrere Angeklagte versucht, die Anklagepunkte wahrheitsgemäß zu korrigieren, was teilweise Entlastung, in einigen Punkten sogar Belastung bedeutete. Ein Vergleich der Texte von Anklageschrift und

---

21 BStU, Ast.Chemnitz, AU 337/53, Ermittlungsverfahren.

Urteil zeigt, dass die Einlassungen der Angeklagten und der Verteidiger ignoriert wurden.

Besonders schockiert waren der Staatsanwalt, die Richter und anwesenden Funktionäre darüber, dass nach der Urteilsverkündung keiner der Verurteilten trotz der brutalen Strafhöhe weinend zusammenbrach. Es geschah vielmehr etwas von niemandem Vorhergesehenes: alle meine Freunde kamen auf mich zu und gratulierten mir zu meinem 19. Geburtstag.

Die Volkspolizei aber musste melden: »In der Nacht, also vom 3. zum 4.10., als das Urteil verkündet wurde, sind in Werdau wieder Hetzzettel gegen die Deutsche Demokratische Republik an verschiedene Orte angeklebt worden.«[22]

Der Widerstand ging auch ohne uns weiter.

Für manche Gruppe wurden wir „Werdauer Oberschüler" sogar Vorbild („Eisenberger Kreis") oder Anlass zum aktiven Widerstand: Im Jahr 2001 erhielt ich Kenntnis von einer Gruppe aus Meißen, die mit Flugblättern gegen das Urteil vom 4. Oktober 1951 protestierte, entdeckt, verhaftet und zu hohen Zuchthausstrafen verurteilt wurde.

22 BArch DY 30 IV 2/13/433.

1. 89/51
(I Js 123/51)
I KLs 94/51

U R T E I L

I M   N A M E N   D E S   V O L K E S !

In der Strafsache

gegen

1.) den am 24.2.1933 in Chemnitz geborenen
Oberschüler

Hans Joachim G ä b l e r,

wohnhaft in Werdau/Sa., Gartenweg 2,
z.Zt. in U.-Haft in der Volkspolizei-Haftanstalt
Zwickau/Sa.,

2.) den am 16.1.1930 in Schweigertshain geborenen
Oberschüler

Karlheinz Herbert E c k a r d t,

wohnhaft in Werdau/Sa., Pestalozzistr. 26,
z.Zt. in U.-Haft in der Volkspolizei-Haftanstalt
Zwickau/Sa.,

3.) den am 18.11.1931 in Werdau/Sa. geborenen
Maschinenschlosser-Lehrling

Kurt Gerhard S c h n e i d e r,

wohnhaft in Werdau/Sa., Stadtgutstr. 15,
z.Zt. in U.-Haft in der Volkspolizei-Haftanstalt
Zwickau/Sa.,

4.) den am 11.6.1933 in Langenbernsdorf/Sa. geborenen
Oberschüler

Theobald Max K ö r n e r,

wohnhaft in Langenbernsdorf/Sa., Nr. 29 b,
z.Zt. in U.-Haft in der Volkspolizei-Haftanstalt
Zwickau/Sa.,

5.) den am 9.6.1932 in Zwickau/Sa. geborenen
Oberschüler

Heinz Martin R a s c h,

wohnhaft in Werdau/Sa., Stadtgutstr. 9,
z.Zt. in U.-Haft in der Volkspolizei-Haftanstalt
Zwickau/Sa.,

285

genügend zu schulen.

Wenn das Gericht di ausgeworfene Strafe als gerechte Sühne ngesehen
hat, und die Angeklagten mit hohen Zuchthausstrafen belegte, da ihr
verbrecherisches Tun sich gegen den Aufbau der DDR richtete und sie
auch den Frieden der Welt gefährdeten, so muß aus diesem Urteil gelern
werden, um zu verhindern, daß weitere junge Menschen sich von den verbrecherischen Plänen der Kriegstreiber und ihren Handlangern beeinflus
lassen. Alle Angeklagten waren Werkzeuge derjenigen die den Krieg
wollen. Ihr Treiben war gefährlich, da nur noch wenige Zeit vergehen
brauchte und sie hätten durch andere Aktionen vielleicht erhebli-chen
Schaden unserem Lande zugefügt. Aus diesem Urteil ist die Erkenntnis
zu ziehen, daß unsere Lehrer mehr denn je sich mit ihren Schüler be-
fassen, deo Vertrauen erwerben und in einer offenen Kritik über
Fragen der Gegenwart sprechen. Das haben die Lehrer der Oberschule in
Werdau nicht verstanden. So bedauerlich es ist, daß 19 junge Menschen
sich für die Kriegspläne einzelner werben liessen, so mussten doch
erhebliche Strafen ausgeworfen werden, um solch ein Treiben zu verhindern. Der Ministerpräsident Otto Grotewohl erklärt in seiner Rede
am 15. September, daß der Kampf um die Erhaltung des Friedens in ein
entscheidendes Stadium getreten sei, um ihn zu erhalten müssen alle
Kräfte gesammelt werden, die bereit sind den Frieden zu verteidigen.
Um so enscheidender muß der bestraft werden, der für den Krieg eintri
Das zt junge Alter einzelner Angeklagter konnte in diesem Fall aber
nicht als Strafmilderungsgrund berücksichtigt werden, da zur
sie in der Lage waren zu erkennen was sie für Arbeit leisten.
Als Oberschüler hatten sie Unterricht in Polit. Ökonomie und als
Funktionäre der FDJ nahmen sie an Schulungen teil. Xixxxxxxx
Viele Eltern waren politisch organisiert und es war ihnen möglich,
sich xi mit ihnen zu unterhalten, was sie doch nicht taten.

Die Kostenentscheidung beruht auf § 465 StPO.

5.10.51

zugleich für die nach Leipzig
versetzte Landrichterin Müller

Urteilsausfertigung mit Korrekturen des Vorsitzenden Richters.

Stromabschaltungen und internationale Proteste: Reaktionen nach dem Prozess

Über den Prozess und seine Umstände war für die gesamte DDR eine totale Informationssperre angeordnet worden. Es gab keinerlei Presseberichte, geplante Informationsveranstaltungen in den Schulen fanden nicht statt.

Die Folge waren ständige, anhaltende Diskussionen und Gerüchte in Werdau und anderwärts in der DDR. Einigermaßen konkrete Informationen wurden über den West-Berliner Sender RIAS verbreitet, worauf man in Werdau bei angekündigten Sendungen mit Stromabschaltungen reagierte[23]; doch im Umland konnten diese Rundfunkberichte gehört werden. Es wurde viel darüber gesprochen.

Gegen diese Diskussionen war die Stasi machtlos; noch mehr: die Mitarbeiter der MfS-Dienststelle Zwickau wandten sich verunsichert und hilfesuchend an ihre vorgesetzte Behörde.[24] Nach einer Dienstbesprechung berichtete unser inzwischen beförderter Vernehmungsoffizier u.a.:

»Die Stimmen in der Bevölkerung in bezug auf die Verurteilung der Werdauer Gruppe wollen kein Ende nehmen [...]

6. häufen sich die Fälle, dass gerade in der Gegend von Werdau feindliche Elemente hektographierte Schriften in die öffentl. Briefkästen einwerfen mit der Aufschrift; »An alle! Fordert die Freilassung der 18 Jugendlichen, die um unsere Freiheit kämpften.«

Die unter Pkt.6 angegebene Tatsache beweist, wie notwendig eine reale öffentliche Bekanntgabe ist, um derartigen feindlichen Elementen von seiten der fortschrittlichen Bevölkerung entgegentreten zu können.«

Zahlreiche Protokolle von Sitzungen der SED-Kreisleitung, Schreiben der Justizorgane und andere Dokumente, wie der Bericht über einen »Justizausspracheabend am 1.9.1953« in Werdau,[25] zeugen von Hilflosigkeit der Funktionäre, aber auch von Abscheu der Bevölkerung gegen die verhängten Urteile.

---

23 Z. B. bei der Sendung am 12.10.1951, 22.15 Uhr in der Reihe »Und heute«.
24 BStU, Ast.Chemnitz, AU 337/53, Ermittlungsverfahren.
25 BStU, Ast.Chemnitz, ASt 337/53, Staatsanwaltschaft, Handakte.

Die SED-Kreisleitung Zwickau berichtete am 7. Februar 1952 an die SED-Landesleitung Sachsen, Abteilung Kultur und Erziehung, über Nachwirkungen des Prozesses.

»Es wird immer wieder festgestellt, daß RIAS-Sendungen, Zeitschriften und Zeitungen aus Westberlin und Westdeutschland, die auf die Vorgänge an der Oberschule Bezug nehmen, stark diskutiert werden und daß die Eltern der verhafteten Schüler noch immer eine Propagandatätigkeit innerhalb des Werdauer Bürgertums gegen die Schule durchführen. Beeinflußt von diesen hetzerischen Gerüchten hat ein großer Teil der vorwiegend bürgerlichen Eltern der Oberschüler eine starke Mißtrauensstellung gegen die Schulleitung und Lehrer bezogen. Das färbt naturgemäß auch auf die Schüler ab. Dadurch ist es erklärlich, daß auch ein gewisses Mißtrauensverhältnis zwischen Lehrer und Schüler entstanden ist. Zum Teil empfinden einige Schüler sogar Angst vor den Lehrern.«

So ist über verschiedene vergebliche Maßnahmen der Schulleitung und der FDJ nachzulesen:

»Leider wird die Arbeit der Schulleitung und der Lehrer dadurch erschwert, daß bisher eine Aufklärung über den Prozess gegen die Oberschüler, insbesondere über die Gründe für die hohen Strafen, in Werdau nicht erfolgte. In der Bevölkerung sind im wesentlichen nur die Angaben westlicher Stellen bekannt, die sich darauf beschränken, nur eine harmlose Flugblattverteilung als Grundlage für die Urteile herauszustellen. Solange die Öffentlichkeit nicht gründlich über die wesentlichen Dinge des Prozesses informiert wird, wird das Vertrauen des Werdauer Bürgertums zu Oberschule und ihren Lehrern schwer gewonnen werden.«[26]

In einem der monatlichen Stimmungsberichte musste der Rat der Stadt Werdau vermelden:

»Starke Bewegung hat die Verhaftung einer Anzahl von Oberschülern, die im Dienste westlicher Agenten standen, unter der Bevölkerung hervorgerufen. Dabei ist eine Tendenz besonders auffällig, nämlich, daß Teile der Bevölkerung, davon ein ganz Teil Jugendlicher, in diesen Übeltätern nur zu gern Märtyrer sehen. Es ist selbstverständlich, daß das meist die Personen sind, die unserem neuen demokratischen Staat bei weitem nicht positiv gegenüber stehen.«[27]

---

26 Stadtarchiv Werdau, Soz. 200.
27 Rat der Stadt Werdau, Monatsberichte 1949 -1951.

Dienststelle Zwickau

Zwickau, den 27.10.51
Tgb. 702690/51
Wei/Ha.

An das
Ministerium für Staatssicherheit
Verwaltung Sachsen
D r e s d e n
stellvertr.Chef und Abt. VI

179/51

Betr.: Verurteilung der Werdauer Gruppe "Lindcolm" in Zwickau
Bezug: Mitteilung der op. Mitarbeiter in einer Dienstbesprechung
am 27.10.51

Die Stimmen in der Bevölkerung in bezug auf die Verurteilung
der Werdauer Gruppe wollen kein Ende nehmen, und die verantwortlichen op. Mitarbeiter haben bei ihrer operativen Arbeit im
Kreisgebiet folgende negativen Diskussionen erfasst; und sie
bringen sie hiermit zur Kenntnis:

1. wird darüber diskutiert, dass das Urteil in der "Freien
   Presse" nicht erschienen ist und auch fortschrittliche
   Werktätige den gegnerischen Elementen nicht mit den
   nötigen Argumenten ehtgegentreten können.

2. bekommen viel Werktätige, die den Auftrag haben, auf der
   Plattform der Nation.Front schriftlich mit dem Westen zu
   verkehren, Anfragen, wie das mit dem angebl. in Zwickau
   vollstreckten Schandurteil gegen die Werdauer Jugendlichen überhaupt stehe.
   Den Briefschreibern ist durch die Unkenntnis jede Möglichkeit genommen, aufklärend in dieser Weise zu wirken.

3. wird bei derartigen negativen Diskussionen von vielen
   Genossen der Standpunkt vertreten: "Sei ruhig mit Deinen
   Rias-Enten, wenn das Wahrheit wäre, dann wäre das in
   unserer Parteipresse bestimmt veröffentlicht worden und
   auch die dazu nötige Begründung gegeben worden.

4. haben die operativen Mitarbeiter unserer Dienststelle
   und auch das techn.Personal, welches die Zugverbindung
   nach dem Landkreis benutzen müssen, Diskussionen im Zug
   vernommen dahingehend, dass man doch endlich ganz offen
   die Taten der Jugendlichen anprangern soll, damit die
   fortschrittlichen Menschen in der Lage seien, negativen
   Diskussionen wirkungsvoll zu begegnen.

5. wird darüber diskutiert, dass die Angehörigen der Angeklagten, die aufgrund des Nichtbesitzes einer Zulassungs-
   karte an der Verhandlung nicht teilnehmen konnte auf
   Anfrage beim Staatsanwalt Piehl die Antwort erhielten:
   "Sie haben morgen oder übermorgen Gelegenheit, in der
   "Freien Presse" den Verhandlungsvorgang genau zu ver-
   folgen.

6. häufen sich die Fälle, dass gerade in der Gegend von Werdau
   feindliche Elemente hektografierte Schriften in die
   öffentl. Briefkästen einwerfen mit der Aufschrift:
   "An alle! Fordert die Freilassung der 18 Jugendlichen,
   die um unsere Freiheit kämpften."

                                        b.w.

Die unter Pkt. 6 angegebene Tatsache beweist, wie notwendig eine reale öffentliche Bekanntgabe ist, um derartigen feindlichen Elementen von seiten der fortschrittlichen Bevölkerung entgegentreten zu können.

Wir möchten betonen, dass wir uns den Massnahmen unseres Ministeriums voll und ganz anschliessen, können aber nicht umhin, die Stimmung der Bevölkerung nach dort bekanntzugeben, um evtl. Änderungen treffen zu können.

. . . . (Waidauer)
Dienststellenltr. (Rat)

»Negative Diskussionen«: Stimmungsbericht der MfS-Dienststelle Zwickau.

Im Westen gab es (verhaltene) Proteste bereits nach den Verhaftungen. In einer Akte des Untersuchungsausschusses Freiheitlicher Juristen (UFJ), einer überwiegend von ehemaligen SBZ/DDR-Juristen nach ihrer Flucht in West-Berlin gegründeten Organisation zur Dokumentation von Justizunrecht in der SBZ/DDR, sind zahlreiche Presseausschnitte mit Berichten über den Prozess gesammelt (siehe Dokumenten-Anhang). Es fanden Protest-Veranstaltungen in Berlin (organisiert von der KgU gemeinsam mit dem »Bund der Verfolgten des Naziregimes«) und in Bamberg mit jeweils über tausend Teilnehmern statt. Es gab internationale Proteste, darunter Schreiben an die DDR-Regierung, unterzeichnet von Vertretern namhafter Organisationen.

Die westdeutsche Illustrierte »Stern«[28] berichtete im Dezember 1951 über den Prozess. In Werdau wurden zu jener Zeit viele Exemplare dieser Stern-Ausgabe nachts in Briefkästen verteilt.

---

28 »Der Stern« Heft 48/1951, 2. Dezember 1951.

Der Ausnahmefall:
Ein Prozess hinter dem Rücken der Partei

Bereits vor Gründung der DDR wurde es zur Praxis, dass die SED-Führung über wichtige anstehende politische Prozesse informiert wurde und Festlegungen über deren Verlauf und über die Urteile traf. So war es eher ungewöhnlich, dass der zentrale Parteiapparat der SED und damit auch die führenden Genossen über den »Werdauer Oberschülerprozess« nicht vorab informiert waren.

Der SED- und Staatsführung der DDR kam dieser Prozess aus politischen Gründen zu diesem (!) Zeitpunkt sehr ungelegen[29]; so besagen es die SED-Protokolle aus dem Jahre 1951. Die politische Führung war von der Stasi nicht in Kenntnis gesetzt und völlig überrascht worden. In den SED-Akten liest sich das so:

»Am 2.10.1951 erfuhr Genosse Grotewohl[30] durch eine Notiz in einer Westberliner Zeitung, dass am 3.10.1951 vor dem Landgericht Zwickau ein politischer Strafprozeß gegen 19 Oberschüler aus Werdau angesetzt war. In der Notiz hieß es, dass mit hohen Zuchthausstrafen zu rechnen sei und dass nur Mitglieder der kommunistischen Organisationen als Zuhörer zugelassen würden. Genosse Grotewohl setzte sich sofort mit Genossen Fechner[31] in Verbindung und bat ihn, die Durchführung des Prozesses zu verhindern bzw. die Aussetzung des Urteils zu veranlassen. Beim Justizministerium brachte man in Erfahrung, dass mit einer mehrtägigen Dauer des Prozesses zu rechnen sei. Deshalb beauftragte Gen. Fechner den zuständigen Abteilungsleiter, Genossen Böhme, am 4.10.51 nach Zwickau zu fahren, um die Verschiebung der Urteilsverkündung zu erreichen. Als Gen. Böhme am 4.10.51 vormittags in Zwickau ankam, war der Prozeß schon zu Ende. Das Urteil war in der Nacht vom 3. zum 4.10.51 verkündet worden.«[32]

Diese augenscheinliche Panne hatte Folgen innerhalb des Staats- und Parteiapparates. Vertreter des Ministeriums für Staatssicherheit wurden aus Anlass dieses Prozesses zu einer Besprechung mit Mitarbeitern des zentralen Parteiapparates

---

29 Vgl. dazu Falco Werkentin: Ein untypischer Fall: das Verfahren gegen die Werdauer Oberschüler 1951, in: Hubert Rottleuthner u.a.: Steuerung der Justiz in der DDR: Einflußnahme der Politik auf Richter, Staatsanwälte und Rechtsanwälte, Köln 1994, S.104 ff.
30 Damals Ministerpräsident der DDR.
31 Damals Justizminister der DDR.
32 BArch DY 30 IV 2/13/433.

der SED nach Berlin geladen und mussten sich rechtfertigen. Das Politbüro der SED, das oberste Entscheidungsgremium der Partei, befasste sich zudem in zwei Sitzungen (16. Oktober 1951 und 8. Januar 1952) mit dem Fall der »Werdauer Oberschüler«, ohne jedoch die extrem hohen Strafen zu korrigieren.

In den Dokumenten wird mehrfach auf eine »Anweisung des Ministeriums für Staatssicherheit« hingewiesen, wonach »die Landesstaatsanwaltschaft in allen Strafsachen, bei denen die Voruntersuchung bei der Staatssicherheit liegt, weder einer Stelle der Staatsverwaltung einschließlich der HA Justiz noch einer Stelle der Partei einschließlich der Landesleitung eine Mitteilung machen dürfe.« Mithin unterlag damals die Landesstaatsanwaltschaft den Weisungen der Stasi und das MfS übte unmittelbaren Einfluss auf die Justiz aus.

Als Konsequenz aus dieser Panne legte die SED-Führung im November 1951 fest:[33]

»Es soll künftig gegen Jugendliche keine solche Urteile mehr geben, auch nicht in politischen Strafsachen. [...] Um in Zukunft derartigen politisch schädlichen Auswirkungen, die die Durchführung solcher Prozesse in einem falschen Zeitpunkt mit sich bringt, entgegen zu wirken, hat das Sekretariat des ZK beschlossen, dass alle Urteile, in denen mehr als 10 Jahre Freiheitsstrafe vorgesehen sind, einer Kommission zur Beschlussfassung vorzulegen sind. [...] Gen. Fechner gab folgende vertrauliche mündliche Anweisung: [...] Strafanträge über 10 Jahre Zuchthaus bedürfen künftig der Genehmigung der GStA. Berlin.« Außerdem sei »die Aufhebung der Anweisung des Ministeriums für Staatssicherheit mit dem Meldeverbot an die Partei dringend notwendig.«

Eine solche Parteikommission, die über Urteile entschied, welche die Richter anschließend verkünden durften, wurde schnell gebildet und wirkte bis etwa 1963. Doch extrem hohe Zuchthausstrafen gegen Jugendliche wurden weiterhin ausgesprochen. So beispielsweise gegen mehr als 30 Schüler und Studenten aus Eisenberg/Thüringen und Jena 1958 mit

33 BArch DY 30 IV 2/13/433.

Zuchthausstrafen bis zu 15 Jahren. Der »Eisenberger Kreis« hatte sich sowohl die »Weiße Rose« als auch die »Werdauer Oberschüler« zum Vorbild genommen, was die Motivation zum Widerstand, die Zusammensetzung der Gruppe und vor allem die Aktionen betraf, allerdings auch von deren Fehlern gelernt: Die Flugblatt- und andere Aktionen wurden über einen relativ großen Zeitraum verteilt und damit zeitweise der Stasi-Observierung entzogen.[34]

Für uns Verurteilte blieben die Entscheidungen vom November 1951 jedoch ohne jede positive Wirkung: weder wurden die Haftstrafen reduziert und eine vorzeitige Entlassung ermöglicht, noch wurde für die unter 18-jährigen Jugendhaft angeordnet, deren Bedingungen etwas leichter zu ertragen waren als der Strafvollzug für Erwachsene.

Lediglich in einer Aktennotiz vom 5. Oktober 1951, also direkt nach der Urteilsverkündung stellte der bereits erwähnte Abteilungsleiter im Ministerium für Justiz, Böhme, folgende Überlegung an:

»Wenn das Urteil aufgehoben werden muss, dann können zur Not formale Revisionsgründe gefunden werden (dann müsste der Staatsanwalt Revision einlegen). Materielles Recht wurde nicht verletzt, man kann auch nicht sagen, dass das Urteil gröblich der Gerechtigkeit widerspricht (es gibt also keinen Grund für die Kassation.) Ich halte das Urteil für hart, aber für gerecht. Eine andere Frage ist, ob es richtig war, *jetzt* ein solches Urteil zu fällen.«

---

34 Patrik von zur Mühlen: Der »Eisenberger Kreis«. Jugendwiderstand und Verfolgung in der DDR 1953 - 1958, Bonn 1995.

Misstrauen und Schulausschlüsse: Die Reaktionen in der Oberschule Werdau

Die Verhaftungen und noch mehr die Verurteilung der Schüler und Schülerinnen zu hohen Zuchthausstrafen sorgten in der Stadt und im Umland, besonders aber in der Oberschule Werdau für Aufregung und Erschrecken, für Sympathie und Unverständnis, für Solidarisierung und Ablehnung, für Anerkennung und Vorwurf. Die Reaktionen waren unterschiedlich, je nach politischer Grundhaltung und persönlicher Beziehung zu den Betroffenen.

Gespräche zwischen Schülern, die einander vertrauten, wurden auf dem Schulhof in einer »stillen Ecke« geführt oder häufig außerhalb der Schule. Sie galten meist der Sorge um die Inhaftierten und der Frage nach Möglichkeiten der Hilfe.

Die Folge der hektischen, autoritären Reaktionen der Schulleitung auf die »Vorgänge vom 19.5.1951« war ein bis ins Extrem gesteigertes Misstrauen gegenüber den Lehrern, aber auch unter den Schülern selbst, eine allgemeine und zunehmende Unsicherheit, verbunden mit viel, sehr viel Angst, was wiederum zur »Vereinzelung« führte, zu der verständlichen Abwehrreaktion: nur nicht auffallen, sich keinem anderen anvertrauen. Dieses Trauma hielt viele Jahre an.

Sehr informativ und für die Denk- und Handlungsweise des damaligen Schulleiters Hans Heß aufschlussreich sind dessen persönliche Notizen in einer eigens angelegten »Schulakte«, die von ihm angeordneten Maßnahmen sowie seine Berichte an die SED-Leitungen und die Schulbehörden. An die FDJ-Funktionäre der Oberschule erging die Aufforderung, ihre Mitschüler politisch-ideologisch einzustufen – kurz: die Aufforderung zur Gesinnungsschnüffelei. Dies wurde nicht nur als politisch notwendig dargestellt, sondern als besonders tugendhaftes Verhalten eines »Kommunisten« verherrlicht. Die FDJ-Funktionäre unserer Oberschule kamen dieser Forderung getreu nach. Sie erstellten eine Liste, jeweils geordnet nach den Klassen 9 bis 12, auf der eine recht große Zahl von Schülerinnen und Schüler als »reaktionäre«, andere als »zuverlässige, bezw. einigermassen positive Schüler« vermerkt wurden. Abschließend hieß es: »Die übrigen Schüler sind nicht zu durchschauen.«

Bemerkenswert ist aber auch die Verschwiegenheit mehrerer Schüler, die mitunter seit längerer Zeit von der Existenz unserer Gruppe wussten. Es gab mutige Reaktionen von Eltern und Schülern gegen die geforderte Denunziation, aber auch anonyme Schreiben mit Verdächtigungen.

Die Situation an der Schule beschrieb der Schulleiter Heß am 26. Juni 1951 in einem Brief an das Volksbildungsamt Zwickau wie folgt:

»Im übrigen ist der augenblickliche Zustand der ungeklärten Verhältnisse kaum noch länger zu ertragen, da sowohl im Kollegium wie auch unter den Schülern nichts als Ungewissheit, Misstrauen, mangelnde Arbeitslust und Abfall der Leistung zu bemerken sind.

Eine baldigste Klärung ist umso nötiger, als allmählich der günstige Zeitpunkt vorübergeht, in dem auf Grund der Vorfälle durch eine gesunde Kritik und Selbstkritik der Kollektivgeist gestärkt werden könnte. Es besteht die Gefahr, dass aus dem Bestreben einer Verteidigung heraus ein Kollektivgeist sich entwickelt, der negativ wirken könnte. Dies umso mehr, als das Lehrerkollegium nicht nur von Seiten des Werdauer Bürgertums heftig angegriffen wird (»alles Kommunisten!«), sondern auch von Seiten der fortschrittlichen Kräfte einer sehr strengen Kritik unterzogen wird.«

Am 13. Juni 1951, Monate vor der Verurteilung, fand eine für mehrere Schüler mit weit reichenden Folgen verbundene Konferenz des Lehrerkollegiums der Oberschule Werdau statt, von der nur ein Beschlussprotokoll überliefert ist. Danach wurde »einstimmig« beschlossen, die verhafteten und einige geflohene Schüler von der Schule auszuschließen »mit der Maßgabe, auch keine andere Oberschule der DDR weiter besuchen zu dürfen«. Auf diese »Maßgabe« beriefen sich die Behörden in Werdau nach der Entlassung der Verurteilten. Damit wurde zumindest für die ehemaligen Oberschüler jede Weiterbildung und adäquate Berufsausbildung unmöglich gemacht – ein Grund für die spätere Flucht in den Westen.

Alexander=von=Humboldt=Schule

(Oberschule) Werdau

Herrn

Otto Beyer

Werdau
Str. d. Freundschaft 77

Friedrich-Engels-Straße
Telefon 3051, Hausapparat 18

Werdau, am 15.8.1951

Ich teile Ihnen mit, daß die Konferenz vom 15.8.1951 einstimmig beschlossen hat, daß Ihr Sohn aenin von der Oberschule Werdau ausgeschlossen wurde mit der Maßgabe, auch keine andere Oberschule der DDR weiter besuchen zu dürfen.

Begründung:

Er leistete aktive, organisierte, illegale Zersetzungsarbeit in Schule und Öffentlichkeit verbunden mit Kampf und Hetze gegen die Regierung der DDR und demokratische Organisationen. Damit unterstützte er die imperialistischen Kriegstreiber und schädigte das Ansehen der Schule.

Ein Zeugnis wird ihm nicht erteilt, da der Verdacht des Fortzugs nach dem Westen besteht.

(Schulleiter)

Schulausschluss: Vorverurteilung durch die Lehrerkonferenz.

In der Begründung für den Schulausschluss wurde vorweggenommen, was das Zwickauer Landgericht erst einige Monate später festzustellen meinte. Das Werdauer Lehrerkollegium wartete keineswegs den Strafprozess ab, sondern fällte eine klare Vorverurteilung. Die Eltern erhielten per Einschreiben einen Brief mit identischem Text, abgesehen von den personenbezogenen Angaben, wie Name und Adresse.

Strohsäcke, Marmeladeneimer und Gummiknüppel: Die Zeit der Strafhaft

Die eigentliche Leidenszeit – abgesehen von den Stasi-Verhören – begann für uns erst im »Strafvollzug«.

Viele politische Häftlinge der fünfziger Jahre erinnern sich trotz der inzwischen verstrichenen langen Zeit noch immer an schreckliche Details ihrer Haft – heute unvorstellbar, kaum nachvollziehbar. Sie tauchen in schlimmen Träumen immer wieder auf, quälen nächtens, rauben den Schlaf. Viele Betroffene stellen sich die schmerzliche und ständig wiederkehrende Frage: Warum musste ich das erleiden und wie konnte ich das überhaupt überstehen?

Über die Haftjahre der »Werdauer Oberschüler« – für acht von uns dauerten sie vom Mai 1951 bis Herbst 1956 – können an dieser Stelle nur einige wenige stichwortartige Andeutungen gemacht werden. Dabei ist zu berücksichtigen, dass sich die Haftbedingungen oftmals zur gleichen Zeit von Anstalt zu Anstalt unterschieden – je nachdem welcher Anstaltsleiter welches »Regiment« führte – und sich im Verlaufe der Jahre besserten. Zu Beginn der 50er Jahre waren die Haftbedingungen – im Vergleich zu späteren Zeiten – jedoch überaus hart und erbarmungslos.

Die erste »Strafvollzugsanstalt« für unsere Gruppe war das Zuchthaus Waldheim. Später lernten viele von uns auch andere Zuchthäuser der DDR von innen kennen. Ich war, wie meine so genannte Laufkarte (siehe Dokumenten-Anhang) ausweist, im Laufe der fünfeinhalb Jahre in sieben »Vollzugsanstalten«.

In meinen späteren Gesprächen mit den mitverurteilten Schulkameraden wurden folgende Erlebnisse am häufigsten erwähnt:

In Waldheim wurden wir vom Wachpersonal äußerst brutal empfangen, denn wir galten als Schwerverbrecher, viel gefährlicher als Mörder, denn wir hätten »die ganze Menschheit ins Unglück stürzen« wollen. Die Zivilkleidung und alle uns noch

Das Zuchthaus Waldheim.

Großes Zellenhaus in Waldheim.

aus der Untersuchungshaft verbliebenen privaten Gegenstände mussten abgegeben werden; wir wurden neu »eingekleidet«: Jacke und Hose mit eingenähtem Streifen (diese »Uniform« musste nachts, vorschriftsmäßig zusammengelegt, aus der Zelle gegeben werden), Holzschuhe und Fußlappen, eine (wirklich nur eine einzige!) Garnitur Unterwäsche (Wäschewechsel gab es nur alle paar Wochen), zwei dünne Decken, Blechnapf und Löffel (Messer und Gabel waren nicht gestattet). Allen Jungen wurde das Kopfhaar radikal geschoren - eine schlimme, totale Entwürdigung; erst 1953 wurden zwei Zentimeter Stoppelhaar gestattet.

In einer Zelle mit etwa 8 qm Grundfläche (außen an der Zellentür waren die Maße genau angegeben) mussten vier, häufig sechs Häftlinge miteinander auskommen. Die vergitterten Fenster waren zusätzlich verblendet, d.h., es war nur ein kleiner Lichtschlitz offen. Der Strohsack war nur mit Häcksel gefüllt; es gab Ungeziefer. Als Toilette diente ein Marmeladeneimer mit schlecht schließendem Holzdeckel, der zweimal täglich geleert wurde; der Gestank war fürchterlich und widerlich; als Toilettenpapier gab es nur hartes Packpapier. Etwa ein Liter Wasser pro Person pro Tag musste ausreichen für Körperwäsche, Zähneputzen, Ausspülen des Essgeschirrs. Es gab anfangs keine Literatur, keine Zeitungen, keine funktionierende Heizung, nur unregelmäßig die »Freistunde«, die ohnehin selten länger als 20 Minuten dauerte, im Gänsemarsch mit Abstand von mindestens zwei Meter zum Vordermann, im Gleichschritt bei absolutem Sprechverbot; doch wir lernten bald zu sprechen, ohne die Lippen zu bewegen, was eine gewisse Kommunikation ermöglichte, ohne dass man uns deshalb bestrafen konnte. Es war streng untersagt, tagsüber auf den Strohsäcken oder (wenn vorhanden) Bettgestellen zu sitzen oder gar zu liegen; aber es gab in diesen Zellen nur zwei Hocker. Uns Jugendliche plagte zudem ein ständiger schrecklicher Hunger.

Als wir immer wieder baten, arbeiten zu dürfen – vor allem wegen etwas mehr Verpflegung und um aus der Enge der ständig verschlossenen Zelle für einige Stunden herauszukommen – setzte man uns Schüler als »Kübler« ein, d.h. wir »durften« täglich zweimal die Kübel leeren und im Großen Zellenhaus das Linoleum auf den Gängen bohnern.

Innenansicht des Großen Zellenhauses in Waldheim, etwa 1950.

Jeder von uns kann über jeweils eigene Erlebnisse und Lebenserfahrungen berichten. Ich erinnere mich besonders an das Zusammenleben mit Kriminellen in einer Zelle (Sittlichkeitsverbrecher und Mörder), aber auch, welche Chance es bedeutete, nach monatelanger totaler Isolierung endlich Arbeit zu bekommen. Nur waren wir in den Arbeitskommandos deutlichen Schikanen ausgesetzt. Ich musste u.a. in der Haftanstalt Torgau Tarnnetze für die Nationale Volksarmee (NVA) nähen und im »Schrott-Kommando« unter unwürdigen, sehr gefährlichen und gesundheitsschädigenden Arbeitsbedingungen mit Hammer und Meißel Flugzeugschrott zerteilen und sortieren. Hier ereigneten sich nahezu täglich Unfälle.

»Die meiste Zeit (in Halle, in Waldheim bei meinem zweiten Aufenthalt dort und in Luckau) war ich in der Schneiderei beschäftigt, wo wir für Volkseigene Betriebe arbeiteten. In Waldheim wurde für mich als Lohnbuchhalter in der Schneiderei vom VEB Bekleidungswerke offiziell rd. 250 Mark netto an die Vollzugsanstalt überwiesen. Davon bekam ich als Häftling zum Eigenverbrauch (für den Einkauf bestimmter Lebensmittel, Zigaretten, Zeitung) 19,50 Mark (= 8%); auf ein Sperrkonto (wurde bei der Entlassung ausgezahlt, wovon auch die Fahrkarte zu kaufen war) kamen 8 Mark (= 3%); für Familienunterstützung (wurde nach Hause überwiesen) 25 Mark (= 10%); die Haftanstalt behielt mithin fast 200 Mark (= 79%) ein.«[35]

Besonders bedrückend war die Haftzeit jener, die jahrelang nur in den kleinen Zellen oftmals mit (primitiven) kriminellen Häftlingen leben mussten, ohne andere Gesprächspartner zu haben. In diesem Punkt anders waren die Bedingungen im Zuchthaus Bautzen, sofern man in einem der völlig überbelegten Säle untergebracht war. So schrecklich es hier auch war – immerhin gab es die Möglichkeit, sich unter den 200 bis 300 Häftlingen des Saales Gesprächspartner auszusuchen, von denen man lernen konnte, was besonders für Schüler sehr wichtig war. Manchen Häftlingen gelang es, für Stunden ihre Kameraden mit fundierten und gehaltvollen Vorträgen vom Häftlingsalltag

---

35 Diese von mir in einem Referat (schriftlich fixiert; nicht veröffentlicht) am 19.12.1957 vorgetragenen Daten korrespondieren mit davon unabhängigen Quellen: u. a. Gerhard Finn: Die politischen Häftlinge in der Sowjetzone 1945 · 1959, Köln 1989, S.147 ff.

weg in eine andere Welt zu »entführen«. Ein Bautzen-Häftling, der zeitweise in eine Zelle verlegt worden war, meinte dazu: »Erst mal wieder Saalluft schnuppern. Ihr glaubt gar nicht, wie jämmerlich das Leben in den Zellen ist. Ums Verrecken möchte ich da nicht mehr hin!«[36]

Mein Schicksal war es – abgesehen von wenigen Wochen – die gesamte Haftzeit in solchen kleinen Zellen eingesperrt gewesen zu sein.

Die monatlichen (zensierten) Briefe nach draußen – auf vorgedruckten Formularen nur wenige Zeilen (siehe Dokumenten-Anhang) – wurden von uns gedanklich Wort für Wort wochenlang, mitunter in schlaflosen Nächten vorformuliert. Die Antwortbriefe (es durfte nur jeweils ein Brief in der Zelle behalten werden) gaben Hoffnung, enthielten aber auch oft schlimme Nachrichten. Alle Briefe wurden zensiert, nicht wenige konfisziert.

Der Besitz von Fotos – auch der nächsten Angehörigen – war nicht erlaubt.

»Bei guter Führung und Arbeitsleistung« durfte bis 1955 jeder Strafgefangene monatlich ein Paket empfangen. Danach wurde dies nur zu besonderen Anlässen wie Weihnachten gestattet, da es den Gefangenen angeblich »so gut« ging, dass sie keiner Unterstützung bedürften. Das Gewicht (3 kg) und der Inhalt der Pakete waren genau vorgeschrieben. Die von den Angehörigen liebevoll eingepackten Gaben wurden bei der Kontrolle meist zusammengeschüttet, vorher regelrecht zerhackt (es könnte ja eine Eisensäge eingeschmuggelt werden) und erst dann dem Häftling übergeben. Reine Schikane. Die vitamin- und fetthaltigen Nahrungsmittel waren für uns Jugendliche besonders wichtig, konnten aber nach einer solchen »Behandlung« nicht lange aufbewahrt werden.

Die unter bestimmten Auflagen nur alle 3 Monate gestatteten Besuche von immer nur einer Person und genau 30 Minuten Dauer fanden unter diskriminierenden Bedingungen statt.

---

36 Zitiert bei Joachim R. Stern: Und der Westen schweigt. Erlebnisse · Berichte · Dokumente über Mitteldeutschland. 1945 - 1975, Preußisch-Oldendorf 1976, S.241.

30 Minuten Sprechzeit: Besuchserlaubnisschein aus Waldheim.

Es war keine Berührung gestattet. Es durfte nur über private Angelegenheiten gesprochen werden. Bereits beim Hinweis auf ein Gnadengesuch wurde das Gespräch brutal unterbrochen. Für uns Inhaftierte waren die Besuche Hoffnung und Belastung zugleich: Wir durften unsere Angehörigen nach langer Pause nur kurz wieder sehen. Wer danach in die trostlose Zelle zurückkam, vermochte in der folgenden Nacht kaum zu schlafen. Aber auch die Besucher waren meist schockiert: in den unfreundlichen Besucher-Räumen blickten sie in unsere blassen, häufig auch traurigen Gesichter.

Uns Jugendliche besuchten meist die Mütter, bei zwei der Mitschüler waren es auch die Jugendfreundinnen und jetzigen Ehefrauen (nach über fünf Jahren Hoffen und Bangen und Warten auf die Entlassung!!); das bedeutete aber auch: aufgrund der strengen und letztlich unmenschlichen Besuchsregelungen musste die Mutter oder die spätere Ehefrau mindestens ein

BStU

000093

Besuchserlaubnis-Bestimmungen

1. Dieser Erlaubnisschein gilt als Nachweis für die Besuchserlaubnis und ist beim Betreten der Anstalt auf der Wache abzugeben.

2. Jeder Mißbrauch des Besuches zu unerlaubtem Verkehr (Zustecken von Briefen und anderen Gegenständen) hat die sofortige Entfernung des Besuchers zur Folge. Es kann dem Gefangenen für die Zukunft die Erlaubnis, Besuche zu empfangen, entzogen werden.

3. Kindern bis zu 14 Jahren und Jugendlichen bis zu 16 Jahren ist der Zutritt zur Anstalt untersagt.

4. Die Sprechzeit beträgt in der Regel 30 Minuten.

5. Der auf dem Besuchserlaubnisschein festgesetzte Besuchstag ist einzuhalten. An anderen Tagen hat diese Besuchserlaubnis keine Gültigkeit. Sollten trotzdem Besucher vorsprechen, erhalten sie keinen Zutritt.

6. Der Besuchserlaubnisschein ist **nur für die auf ihm vermerkte Person** gültig und nicht übertragbar.

7. Besuchserlaubnis für U-Gefangene wird nur von der zuständigen Staatsanwaltschaft erteilt.

Kopie BStU
Außenstelle Chemnitz

Die Besuchserlaubnis-Bestimmungen.

StVA Waldheim   StVA Waldheim 23. 7. 55
Dienststelle   Ort und Datum

Hausstrafverfügung

1. Zu den Personalakten

2. Zur Eintragung in das Strafbuch   Strafbuch Nr. 1066

151155

Tatbestand:

Zum Fenster Hinausgesehen.

Straftenor

Sager, Erwin   4. 10. 32   547/54
Name, Vorname   geb. am   Gefangenen-Nr.

ist wegen Verstoßes gegen die Hausordnung gemäß § ...... Abs. ...... mit ......

Ermahnung ...... bestraft worden.
Art der Strafe und Strafmaß

Begründung:

Verstoß gegen die Hausordnung

Diese Bestrafung ist dem - der Obengenannten am 1. 8. 55 durch den VP Mstr.

Jank   bekanntgegeben worden.

Konfer
Unterschrift, Dienstgrad und Dienststellung

SV 27 VP 00 1, 53

70

Verantwortliche Vernehmung

Es erscheint der - die Strafgefangene *Beyer, Achim*, geb. am *4. 10. 32*
und gibt auf Befragen, mit dem Gegenstand der Vernehmung vertraut gemacht und zur Wahrheit ermahnt,
folgendes an:

Zur Person:

Beyer, Achim geb. 4. 10. 32 wohnhaft Werdau/Sa
Holzstr. # 77 ledig, Kinder keine Beruf: Schüler
Straftat Art. 6 KD 38 8 J. Z. TB 11. 10. 51 TE 20. 5. 59

Zur Sache:

Ich gebe zu daß ich am 14. 7. 55 gegen 40 ⁰⁰ zum
Fenster hinaus gesehen habe. Zu diesem Zwecke
habe ich die Blende hoch gehoben.
Dadurch habe ich mich gegen die Hausordnung
verstoßen.

Geschlossen: V. g. u.

Janke VP Mstr.   *Unterschrift verweigert*

Der Vorg. B. bestreitet die ihm zur Last gelegte
Tat. Er gibt zu, daß er am Fenster gewesen ist,
habe aber nur die Musik zugehört. Der Vorg. arbeitet
als Einkäufer im VEB Berufsbekleidung Arbeitsleistung
wird als gut bezeichnet Führung + Erziehung bisher
der Hausordnung entsprechend.
Hausstrafen keine

Janke VP Mstr.

»Zum Fenster hinausgesehen«: Ein hinreichender Grund für »Hausstrafen«.

halbes Jahr (!) auf ein kurzes Wiedersehen warten, Geschwister und andere Familienangehörige gar bis zur Haftentlassung.

Eine Jugendfreundin, die mich auf meinen ausdrücklichen Wunsch einmal in Waldheim besuchte (als »Verlobte« bekam sie eine Besuchserlaubnis), kann den damit verbundenen Schock auch nach Jahrzehnten nicht vergessen:

»Für mich war es das wahrscheinlich schrecklichste Erlebnis in meinem Leben. Ich war ja noch nie in einer Haftanstalt. Als ich zu Dir geführt wurde und eine Tür nach der anderen hinter einem zugeschlossen wurde, dachte ich, ich komme in meinem Leben da nicht mehr heraus. Da habe ich mir gesagt, da muß ich durch, ich muß dem Achim Mut machen. Wir müssen uns miteinander unterhalten. Für mich war das sehr, sehr erschütternd – das muß ich noch heute sagen: nicht nur das Türenzuschließen, sondern die Begegnung mit Dir.«[37]

Für Kleinigkeiten gab es zusätzliche »Hausstrafen«. Die Akten weisen aus, dass ich 1955 eine Verwarnung bekam, weil ich »zum Fenster hinausgesehen« hätte.[38] Im als Faksimile abgedruckten Dokument heißt es in altdeutscher Schreibschrift »Zur Sache«:

»Ich gebe zu, daß ich am 17.7.55 gegen 20.30 zum Fenster hinaus gesehen habe. Zu diesem Zwecke habe ich die Blende hoch geschoben.
Dadurch habe ich mich [sic!] gegen die Hausordnung verstoßen.«
(Es folgt die Unterschrift des Volkspolizei-Meisters Hanke und der von ihm geschriebene Vermerk , dass ich die »Unterschrift verweigert« hatte.)
»Der Strfgf. B. [Strafgefangene Beyer] bestreitet die ihm zur Last gelegte Tat. Er gibt zu, daß er am Fenster gewesen ist, habe aber nur der Musik zugehört. Der Strgf. arbeitet als Lohnbuchhalter im VEB Berufsbekleidung. Arbeitsleistung wird als gut bezeichnet. Führung + Disziplin bisher der Hausordnung entsprechend. Hausstrafen keine«

Theo Körner bekam drei Tage Arrest, weil er einen »Bleistift« besaß – es handelte sich um eine Bleistiftmine von etwa einem Zentimeter –, mit der er »sich verschiedene Aufzeichnungen« gemacht hatte.[39]

37 Autorisiertes Interview vom 11.03.1998.
38 BStU, Ast.Chemnitz, ASt 337/53, Gefangenenakte Beyer.
39 BStU, Ast.Chemnitz, ASt 337/53, Gefangenenakte Körner.

Nicht zu unterschätzen sind die psychischen Probleme während der Haft. Wie ist es, wenn ein junger Mensch oder ein Familienvater mitunter seit Jahren inhaftiert noch mehrere Haftjahre aufgrund seiner verordneten Strafe vor sich hat, über sich, seine ungewisse Zukunft, über seine Familie, seine Eltern, seine Frau, seine Kinder nachdenkt? Ich habe schreckliche Reaktionen erlebt, bis zum Selbstmordversuch (Erhängen an der Heizung) in meiner Zelle.

Während der Weihnachtstage steigerten sich diese (Negativ-)Gefühle um ein Mehrfaches. Es war teilweise sehr schlimm. Nur wenigen Häftlingen wurde der ohnehin seltene Kirchgang gestattet. Beim Läuten der Kirchenglocken (manche Zuchthäuser lagen mitten in der Stadt) schämte sich keiner seiner Tränen.

Unvergesslich bleiben mir:

Weihnachten 1951 in Waldheim: Im Großen Zellenhaus stand vor dem Ausgang zum Hof ein geschmückter Weihnachtsbaum. Als wir zur »Freistunde« heraustreten durften, mussten wir durch ein Spalier von Volkspolizisten, die (wohl frustriert wegen ihres Dienstes am Feiertag) wahllos mit Gummiknüppeln auf die Häftlinge einschlugen.

Weihnachten 1952 in Torgau: Aus den liebevoll eingepackten Paketen wurden die Tannenzweige, die Schleifen, die Grußanhänger entfernt und der übrige Inhalt schikanös zusammengeschüttet - Fett und zerhackte Wurst mit Weihnachtsplätzchen vermengt. Völlig überrascht waren wir aber, als ganz ungewohnt und ungewöhnlich am 1.Feiertag ein großes Schnitzel für jeden in die Zellen gereicht wurde; doch die Freude dauerte nicht lang, denn das verwendete Fleisch war teilweise verdorben und viele litten unter einer Fleischvergiftung.

Weihnachten 1953 in Halle (»Roter Ochse«): Für einige Tage waren in der Zelle zwei Fotos von Angehörigen gestattet. Und es gab noch eine weitere »Haft-Erleichterung«:

Dort bauten einige Häftlinge mit Billigung der Anstaltsleitung eine »Kulturgruppe« auf; ich gehörte nach einigen Tests dazu. Wir hatten zwei oder waren es drei ganz tolle Aufführungen: Ich erinnere mich an einen »Hutzn-Ohmd«– das ist erzgebirgische Mundart und meint einen Abend in einer Stube (Wohnzimmer) in einem Dorf im Erzgebirge, wo man sich traf (abwechselnd in verschiedenen Häusern), um Heizung zu sparen, denn man war arm. Dort wurde geschnitzt, geklöppelt und erzählt, meist schaurige Geschichten aus dem finsteren Wald. Und so eine Geschichte haben wir uns selbst ausgedacht, haben sie auf die »Bühne« umgesetzt und dann gespielt. Dabei wurden gewisse Anleihen bei C. M. v. Weber und seinem »Freischütz« gemacht (die geheimnisvolle Szene in der Wolfsschlucht). Dennoch war alles so schwierig damals: wir arbeiteten sehr hart, meist im Schichtbetrieb in der Schneiderei. Die Proben und die Auftritte waren für die Akteure zwar noch eine zusätzliche Belastung, aber gleichzeitig eine Art Entspannung, Vergessen der Gegenwart. Die reichlich primitiven Bedingungen regten unsere Phantasie an zu improvisieren hinsichtlich eines »Bühnenbildes«, der »Kostüme« und vieler anderer Dinge. Und dann war es ein so wunderbares Gefühl, wenn nach einer so primitiven, aber dennoch hart erarbeiteten Aufführung die Mithäftlinge auf uns zukamen und ganz spontan, teilweise heulend wie ein kleines Kind, teilweise strahlend blickend uns sagten, dass sie während dieser etwa zwei Stunden vergessen konnten, wo sie waren, dass sie ihr Leid, ihren Kummer vergaßen.

Eine weitere kulturelle Veranstaltung wurde von einem (politischen) Mithäftling, dem Schauspieler Armin Droste, konzipiert. Dabei sollte vor allem aus dem Fundus der deutschen Klassiker rezitiert werden.

Aus dem Gedächtnis der Beteiligten wurden auch andere Texte »hervorgekramt«, darunter auch aus dem Poem »Die Kleinbürger« von Maxim Gorki, einem in der Sowjetunion gefeierten und verehrten Dichter. Armin Droste trug daraus vor:

»Meine lieben Zweifüßler!
Wenn Ihr meint, daß man das Böse mit Gutem vergelten müsse, dann seid Ihr
im Irrtum. Das Böse ist eine Euch angeborene Leidenschaft, darum ist sein
Wert gering. Das Gute dagegen habt Ihr selbst erfunden; es ist Euch entsetz-
lich teuer zu stehen gekommen, darum gilt es Euch als eine kostbare Sache,
wertvoller als alle anderen Dinge. Ich rate Euch, meine Lieben, vergeltet stets
Gutes mit Gutem, aber zahlt nie mehr als Ihr empfangen habt. Der Mensch
ist habgierig von Natur. Hat er einmal mehr empfangen, als ihm zukam, wird
er das nächste Mal noch mehr verlangen. Ich rate Euch, meine Lieben, seid
streng und gerecht, wenn es sich um die Vergeltung des Guten handelt.
    Das Böse jedoch vergeltet stets mit Bösem und zwar hundertfältig. Seid bis
zur Grausamkeit freigebig, wenn Ihr Eurem Nächsten das Böse heimzahlt, das
er Euch angetan. Gab er Euch einen Stein, wenn Ihr ihn um Brot batet, dann
wälzt ihm einen Berg auf den Schädel!«

Während der Generalprobe saßen vor uns die Offiziere der
Anstaltsleitung in Uniform. Die Reaktion der »Herren« war –
brüllend: »Das ist Rebellion!!!«. Mein Freund Droste reagierte
kühl und überlegen mit den Worten: »Nein Herr Anstaltsleiter,
Maxim Gorki«.
    Ergebnis: die Veranstaltung wurde gestrichen. Aber wir
hatten unsere Peiniger aufgescheucht, wir hatten ihnen durch
den Text eines ihrer Idole sagen können, was wir dachten. Für
uns ein Triumph – wenngleich ein sehr, sehr bescheidener; aber
wir empfanden ihn als einen großen.
    Den Volksaufstand am 17. Juni 1953 erlebte ich im Zuchthaus
»Roter Ochse« in Halle/Saale, Am Kirchtor, mitten in der Stadt
gelegen.
    In den großen Sälen des B-D-Blockes im »Roten Ochsen«
waren drei fließbandartig zusammengestellte Nähmaschi-
nen-Straßen als Betrieb 3 des »VEB Hallesche Kleiderwerke«
installiert worden. Etwa 25 Häftlinge je Band arbeiteten dort
im Drei-Schicht-System.
    Am 17. Juni 1953 war ich zur Frühschicht (6.00 bis 14.00
Uhr) in der Schneiderei. Von den Ereignissen am 16. Juni in
Berlin und am Vormittag des 17. Juni auch in Halle hatten wir

Innenhof des Zuchthauses „Roter Ochse" in Halle.

keine Ahnung. Gegen Mittag beobachteten wir, dass die Wach-
türme stärker besetzt wurden (Doppel- bzw. Dreifach-Posten).
Die ersten Gerüchte kamen auf. Auch als gegen 12.30 Uhr die
Schicht vorzeitig beendet wurde, meinten wir noch immer, der
Grund dafür sei ein möglicher Fluchtversuch in unserer Anstalt
oder ein Aufstand in einem anderen Zuchthaus – viele der Baut-
zener Mithäftlinge erinnerten sich und uns an den dortigen
Aufstand von 1950. Wir wurden auch noch nicht stutzig, als wir
bemerkten, dass nicht unser »normales« Wachpersonal, sondern
Offiziere uns aufforderten, in die Zellen zu gehen. Allerdings
fiel uns der ungewohnte Umgangston auf; statt harscher Befehle
hörten wir: »Bitte gehen Sie ruhig in Ihre Zellen zurück. – Bitte
bleiben Sie nicht stehen«. Die (wohl bewaffneten) Offiziere
waren über das ganze Treppenhaus und die Gänge verteilt. An
eine Gegenreaktion unsererseits war in diesem Moment nicht
mehr zu denken – wozu auch? Wir kannten noch immer nicht
den Grund dieser Sonderaktion.

(BStU)

Am 17. Juni 1953 am Kirchtor in Halle: Demonstranten versuchen die Haftanstalt »Roter Ochse« zu stürmen.

Doch kaum waren wir in den Zellen »unter Verschluss«, wurde uns der Grund für das vorzeitige Schichtende klar: Plötzlich war ein immer stärker werdendes Stimmengewirr und der Gesang des Deutschlandliedes zu hören. Vor den Zuchthaustoren forderte eine Volksmenge unüberhörbar die Befreiung der Häftlinge. Dann hörten wir Schusssalven und die Entrüstungsschreie der Demonstranten. Die plötzliche Stille wurde von einem neuen, unbekannten, aber bedrohlichen Geräusch abgelöst. Bei einem vorsichtigen Blick aus dem Fenster sahen wir wenige Meter vor unserer Zelle einen Panzer stehen, der sein Geschützrohr genau auf unser Zellenfenster gerichtet hatte.

Mithäftlinge berichteten später, dass in ihre Zelle völlig verstört und aufgelöst einer der »humanen« Bewacher gekommen sei, die Schlüssel auf den Tisch gelegt habe voller Angst, dass es ihm bei der Erstürmung der Anstalt so erginge wie einem uniformierten Kollegen, der auf der Straße gelyncht worden sei. Die Zellen-Insassen versicherten, dass ihm nichts geschehen werde. Nach den ersten Schüssen verließ er wieder die Zelle und verschloss diese wie gewöhnlich.

Unsere »Jugendzelle« lag nahe beim Eingang in den Block B+D des »Roten Ochsen« und der Treppe in die Kellerzellen. Seit dem späten Nachmittag des 17. Juni und die ganze folgende Nacht hindurch hörten wir, wie Menschen von Hunden gehetzt und mit Knüppeln geschlagen die Kellertreppe hinuntergejagt wurden. Die Schmerzensschreie der Geschlagenen, das Hundegebell und die hasserfüllten Befehle der Bewacher jagten uns unheimlichen Schrecken ein. Wir konnten nicht feststellen, wie viele Menschen in diesen Stunden so brutal misshandelt wurden – es wurden immer mehr; unsere Vorstellungskraft reichte nicht aus, was sich in den Kellerzellen abspielen musste.

Unter den Häftlingen wurde später sehr strittig darüber diskutiert, ob ein Befreiungsversuch unsererseits eine Chance gehabt hätte. Zumindest wäre es möglich gewesen, von der Schneiderei aus in den Turm zu gelangen, um von dort aus schwere Nähmaschinen in den Innenhof zu schmeißen, wo die postierten Wachen die Schüsse gegen die Demonstranten abgaben. Doch das hätte die Zahl der Opfer sicherlich erhöht: auch unter den Häftlingen.

Heute ist aus den überlieferten Akten bekannt, was sich ereignete: Gegen 13.30 Uhr hatten sich 700 bis 800 oder gar 1.000 Demonstranten vor dem »Roten Ochsen« eingefunden und forderten die Freilassung aller Häftlinge. Mit einem 6-Tonnen-LKW wurde das Tor aufgebrochen. Auf Befehl des Anstaltsleiters, VP-Inspektor Max Bloßfeld, wurden Warn- und Zielschüsse abgegeben. Dabei wurden »zwei Eindringlinge schwer und einer tödlich verletzt«. Max Bloßfeld wurde dafür mit dem »Ehrenzeichen der Volkspolizei« dekoriert. Der Versuch, mit Hilfe eines Traktors (als Rammbock) über die Hermannstraße in das Zuchthaus einzudringen, scheiterte ebenfalls am Schusswaffengebrauch der »Volkspolizei«. Auch dabei wurde ein Demonstrant tödlich getroffen. Genau 14.28 meldete das

»Oberkommando West der Volkspolizei« nach Berlin: »Die Strafvollzugsanstalt Kirchtor in Halle ist in Gefahr. Der erste Angriff wurde mit Waffengewalt abgewehrt. Drei Personen sind angeschossen. Verstärkung wird zusammengezogen.« Die Demonstranten zogen sich schließlich völlig zurück, als gegen 16.00 Uhr zwei russische Panzer am Kirchtor eintrafen. Aus dem »Roten Ochsen« konnte kein Häftling befreit werden.

Anfang 1954 wurden alle Häftlinge (mit Ausnahme der Bäcker und Heizer) in andere Anstalten verlegt, der »Rote Ochse« wurde Frauen-Gefängnis. Ich kam nach Waldheim, in die Schneiderei – Zweigbetrieb eines VEB – als »Schichtschreiber« und später als Buchhalter. Es gelang uns, dass Hermann Josef Flade als »Schneider« aus der Untätigkeit in der Zelle in unser Arbeitskommando verlegt wurde. Nach jahrelanger Einzelhaft war er jedoch völlig verstört und trotz guten Willens nicht in der Lage, die geforderte »Norm« zu erbringen. Wir haben ihm aktiv geholfen. Während einer Nachtschicht prüfte der diensthabende Wachtmeister die Liste der arbeitenden Strafgefangenen, befahl Hermann Flade zu sich und fragte ihn, ob er *der Flade aus Olbernhau* sei, was dieser bejahen musste. Noch in jener Nacht kam Hermann Flade wieder in Einzelhaft!

Pieck, Benjamin und das Moskauer Tauwetter: Gnadengesuche und Entlassung

Unsere Eltern kämpften ohne Unterlass für unsere vorzeitige Haftentlassung. Unterstützt durch einige Rechtsanwälte reichten sie laufend Gnadengesuche und Revisionsanträge bei den Justizbehörden und beim DDR-Präsidenten Wilhelm Pieck ein. Sie beriefen sich dabei auf ein Gespräch mit Staatssekretär Opitz aus der Präsidial-Kanzlei des DDR-Präsidenten. Er hatte am 8. April 1952 in Zwickau den Eltern augenscheinlich voreilig die Überprüfung der Urteile und deren Minderung zugesagt.

Obwohl seit dem 10. Juni 1953 bis Ende Oktober 1953 in der DDR etwa 25.000 Häftlinge vorzeitig entlassen wurden, um die innenpolitische Lage zu entspannen, waren wir Werdauer Schüler nicht dabei.

Selbst das Kollegium der Staatsanwaltschaft Karl-Marx-Stadt plädierte seit 1953 alljährlich für eine Strafminderung mit dem Argument »Sämtliche Urteile, vor allem die über 6 Jahre, sind etwas überspitzt«.[40]

Und auch die Leiterin der Rechtsabteilung der Präsidialkanzlei drängte in einem als »Vertraulich und eilt sehr!!« deklarierten Schreiben vom 8. Dezember 1955 an den Generalstaatsanwalt der DDR auf ernsthafte Überprüfung der Gnadenakte, da inzwischen »das Prestige des Präsidenten berührt wird, insofern bekanntlich Aussprachen mit den Eltern der Verurteilten (einmal in Zwickau und einmal in Berlin) stattgefunden haben. Hierbei wurde zugesagt, dass die Verurteilten nach erreichtem Erziehungserfolg entlassen werden. Diese Zusicherung entsprach einer getroffenen Vereinbarung.«[41]

Bis Anfang 1956 wurden diese Eingaben durch die damalige Justizministerin, Hilde Benjamin, strikt abgewiesen. In einer Stellungnahme des Ministeriums der Justiz vom 27. Januar 1956 heißt es: »Der [sic!] Minister der Justiz hat für die Verurteilten Joachim Gäbler, Heinz Rasch und Gerhard Schneider einen Gnadenerweis nicht befürwortet.«[42]

---

40 BStU, Ast.Chemnitz, ASt 337/53, Gerichtsakte, Beiakte; dabei wurden auch konkrete Vorschläge gemacht.
41 BStU, Ast.Chemnitz, ASt 337/53, Gerichtsakte, Beiakte.
42 BStU, Ast.Chemnitz, ASt 337/53, Gerichtsakte, Beiakte.

(Archiv Beyer)

In Waldheim nur als Briefmarke: DDR-Präsident Wilhelm Pieck.

Eine Wende brachte erst der XX. Parteitag der KPdSU im Februar 1956, auf dem in einer »Geheimrede« der neue Generalsekretär der KPdSU, Chrustschow, erstmals Stalins Verbrechen bestätigte und anprangerte. Dies führte im gesamten Ostblock zu einer so genannten Tauwetterphase. In der DDR veranlasste die SED-Führung seit Mitte des Jahres 1956 die vorzeitige Entlassung von wiederum etwa 25.000 Strafgefangenen.

Auf Drängen des damaligen DDR-Präsidenten Wilhelm Pieck musste nun auch die Justizministerin der DDR, Dr. Hilde Benjamin, in eine vorzeitige Entlassung über den Weg einer Begnadigung einwilligen. In einem Brief vom 31. Juli 1956 an die Präsidialkanzlei (»Vertrauliche Dienstsache«) schrieb sie unter anderem:

»Die Festigung unserer gesellschaftlichen Verhältnisse, die Stärkung des Ansehens und der Autorität unseres Staates lassen es zu, die Strafe der restlichen Verurteilten im Gnadenwege herabzusetzen, und, sofern die beigezogenen Beurteilungen der Strafvollzugsanstalten weiterhin erkennen lassen, daß die Verurteilten die richtigen Lehren gezogen haben, bedingte Strafaussetzung zu gewähren.«[43]

---

43 BArch DA 4 / 1304.

(Archiv Beyer)

Nach 5 Jahren Zuchthaus: Entlassungsfoto Achim Beyer.

Ab Mitte September 1956 sind in den Akten Verfügungen über eine bedingte Strafaussetzung der noch inhaftierten »Werdauer Oberschüler« nachweisbar. Sie wurden mit unterschiedlichen Bewährungsfristen ausgesprochen (meist drei Jahre).

Die vom Staatsanwalt des Bezirkes Karl-Marx-Stadt für mich ausgestellte Entlassungsverfügung vom 4. Oktober 1956 (mein 24. Geburtstag!) – an diesem Tag waren alle anderen »Werdauer Oberschüler«, auch die weitaus höher Bestraften, bereits entlassen – sah meine Haftentlassung für den 13. Oktober 1956 »unter Auferlegung einer Bewährungszeit von 3 Jahren« vor. Der dazu gefasste Beschluss des 1. Strafsenats des Bezirksgerichts Karl-Marx-Stadt vom 8. Oktober 1956 enthält die Bemerkung, dass ich »inzwischen rund 4 1/2 Jahre verbüßt« hätte.[44] Tatsächlich war ich bereits ein Jahr länger inhaftiert. Die Dokumente weisen aus, dass meine Entlassung bereits Mitte 1955 möglich gewesen wäre.

Es gab vor allem für höhere Zuchthausstrafen keine festen, geschweige denn einklagbaren Regelungen für eine mögliche vorzeitige Entlassung. Manche Häftlinge mussten trotz guter Führung und Arbeitsleistung ihre Strafe voll oder nahezu vollständig »absitzen«, andere kamen bei vergleichbaren Voraussetzungen viel früher frei; reine Willkür!

Erwähnt werden muss an dieser Stelle, dass es erst ab 1963 den »Häftlingsfreikauf« durch die Bundesregierung gab. [45]

44 BStU, Ast.Chemnitz, ASt 337/53, Staatsanwaltschaft, Handakte.
45 Vgl. dazu: Ludwig A. Rehlinger: Freikauf. Die Geschäfte der DDR mit politisch Verfolgten 1963 - 1989, Frankfurt/Main 1993.

Neue Probleme im »normalen Leben«:
Die Rückkehr nach Werdau

Alle Verurteilten wurden nach Werdau entlassen, die ersten Ende 1952, ich als letzter am 13. Oktober 1956. Die Aufnahme war überaus herzlich – und dies nicht nur bei befreundeten Familien. Es wurden vielfältige Solidaritäts-Beweise erbracht (Sachspenden von unbekannten Gebern etc.).

Völlig anders dagegen war die Verhaltensweise der Behörden. Man gab uns zu verstehen, dass wir nach wie vor als Schwerverbrecher galten. Wie bereits erwähnt, wurde allen der Besuch einer Oberschule mit Rückgriff auf die Entscheidung der Schulleitung vom 13. Juni 1951 abgelehnt. Siegfried Müller wurde wahrheitswidrig schriftlich erklärt, dass diese Entscheidung Bestandteil des Urteils gewesen sei. Auch andere Ausbildungswege wurden blockiert. Gottfried Karg bekam zwar mit Mühe einen Ausbildungsplatz, der Besuch der Berufsschule – obligatorisch für jeden Lehrling – wurde ihm jedoch verweigert.[46] Noch gravierendere »Eingliederungsprobleme« gab es bei Heinz Rasch, einem der besten Schüler der Oberschule Werdau. Trotz vielfältiger Bemühungen hatte er weder die Chance, eine Oberschule der DDR zu besuchen, noch bekam er überhaupt eine Arbeitsstelle. In einem (in den Akten dokumentierten, aber unbeantworteten) Brief schrieb er an die DDR-Behörden: »Man hätte mir doch wenigstens eine Arbeit als Hilfsarbeiter geben können. Niedriger ging es doch nun wirklich nicht mehr.«[47]

Diese Perspektivlosigkeit belastete ungemein. Dabei war die Gewöhnung an ein »normales Leben« ohnehin schon schwierig genug.

---

46 BStU, Ast.Chemnitz, ASt 337/53, Staatsanwaltschaft Zwickau.
47 BStU, Ast.Chemnitz, ASt 337/53, Staatsanwaltschaft, Handakte.

Viele Dinge des Alltags waren fremd geworden: Werdauer Straßenszene Mitte der 50er Jahre

Meine Situation nach der Entlassung habe ich vor Jahren so beschrieben:

»Als ich das Gefängnistor der »Strafvollzugsanstalt Cottbus« verließ, hatte ich wieder den Anzug an, den ich bei meiner Verhaftung getragen hatte, einen Karton mit einigen privaten Gegenständen unter dem Arm, meine »Rücklage« in Höhe von 271,17 DDR-Mark erhalten, wovon ich mir die Fahrkarte nach Werdau kaufen musste. Man hatte mir den Weg zum Bahnhof gezeigt, aber es dauerte lange, bis ich es wagte, die Straße zu überqueren – trotz geringen Verkehrs eine verständliche Unsicherheit nach über fünf Jahren Haft.
Ich konnte lange nicht in einem Federbett mit Matratze schlafen, ich musste den Umgang mit Messer und Gabel wieder erlernen, verschiedene Speisen habe ich zunächst nicht vertragen, fünfeinhalb Jahre hatte ich keine Türklinke und keinen Schlüssel in der Hand gehabt, das Tragen der Zivilkleidung war gewöhnungsbedürftig, ich begegnete nach so vielen Jahren erstmals wieder Mädchen. Mir waren Freunde behilflich – ich bin ihnen noch heute dankbar dafür.«[48]

---

48 Bei einem Vortrag 1998 in der Akademie für Politische Bildung in Tutzing.

Es waren noch viele andere Dinge des Alltags, die uns inzwischen fremd geworden waren, an die wir uns erst allmählich wieder gewöhnen mussten.

Instinktiv hatten (nicht inhaftierte) Freunde, aber auch mir bis dahin unbekannte Werdauer die einzig richtige Methode der »Aufnahme« – d.h. der Wiedereingliederung – beschritten: sie hatten mich nicht mitleidsvoll und mitleidig gefragt, »War es schlimm?«, »War es sehr schlimm?«, »Wie schlimm war es denn?«, um mich dann mit all den seit Jahren ungewohnten Dingen zu verwöhnen, wie Bier, Wurstaufschnitt oder was es sonst gewesen sein mag. Diese Freunde nahmen mich auf – und verwöhnten mich zugleich –, als sei ich gerade nur für einige Wochen »auf Urlaub« gewesen.

Meine Werdauer Freunde können sich nicht erinnern, sich 1956 auf meine »Rückkehr« besonders vorbereitet zu haben. Sie betrachten ihr Verhalten von damals noch heute als »selbstverständlich«. Darin zeigt sich menschliche Größe!

Mir wurden diese für mein weiteres Leben ganz entscheidenden Stunden und Tage in ihrer positiven Wirkung erst viel später bewusst. Vor allem im Kontakt mit später entlassenen politischen Häftlingen bemerkte ich, wie wichtig und entscheidend die »Art der Aufnahme« für jeden von uns war.

Ich war danach bemüht, meine eigenen – positiven – Erfahrungen auch für die Betreuung der »Freigekauften« zu nutzen.

Unverständnis und Bürokratie, aber auch Solidarität: Der Neubeginn im Westen

Von den insgesamt 19 Angeklagten und Inhaftierten blieben nur vier in der DDR. Es waren die Nicht-Oberschüler, denen auch berufliche Chancen gewährt wurden. Für alle anderen blieb aus politischen und beruflichen Gründen als Alternative nur die Flucht in den Westen.

Außer der »Reisekleidung« besaß man bei dieser Reise in die Freiheit nichts. Die Flucht bedeutete zugleich: Zurücklassen der Eltern, der Geschwister, der Freunde, der vertrauten Umgebung, der Heimat, der kleinen Büchersammlung und woran sonst das Herz hing – mit dem Wissen, dass es »keine Wiederkehr« geben würde, dass diese Trennung »auf Dauer« bestünde – wer konnte schon ahnen, dass im Herbst 1989 nach der friedlichen Revolution der DDR-Bürger sich die Welt total verändern würde?

Die Aufnahme im Westen war zumeist wenig freundlich. Ende 1956 wurden die beiden Hauptangeklagten Joachim Gäbler und Karlheinz Eckardt im West-Berliner Notaufnahmelager völlig unwürdig behandelt.

Beide gingen »zum Zwecke der Erlangung einer Haftbescheinigung« zum UFJ. Im »Besuchervermerk« vom 12. November 1956 heißt es dazu:[49]

»Anlässlich der mit Gäbler und Eckardt geführten Unterredung war nicht erkennbar, dass ihnen nach ihrer Ankunft in Westberlin irgendeine über die allgemeine Betreuung der Sowjetzonenflüchtlinge hinausgehende Unterstützung zuteil geworden wäre.
Die finanzielle Unterstützung der jugendlichen Haftentlassenen erschien insofern unbefriedigend, als die ihnen als »Begrüssungsgeld« zugedachten DM-West 100,-- im Gegensatz zu den erwachsenen politischen Häftlingen [beide waren zu diesem Zeitpunkt fast 24 Jahre alt!] in Westberlin nicht zur Auszahlung gelangten. Gäbler und Eckardt hatten aber ebenso wie die erwachsenen politischen Häftlinge unter Zurücklassung ihrer Habe das Gebiet der SBZ verlassen müssen. Auch ihnen mangelte es an dem Primitivsten, einem zweiten Hemd, einem Paar Strümpfen und einem Taschentuch.«

49 BArch UFJ 3534/51.

Besonders schockiert war ich, als ich in Bamberg meine Rehabilitierung beantragte, denn zunächst galten wir auch im Westen als »vorbestraft«. Der zuständige Generalstaatsanwalt zweifelte nicht nur meine Einlassungen an, sondern sagte wörtlich: »Hätten Sie sich anständig benommen, wären Sie nicht ins Zuchthaus gekommen!« – Und das gerade acht Wochen nach der Entlassung aus fünfeinhalbjähriger Haft, nach einem Urteil der SED-Justiz, von dem die Generalstaatsanwaltschaft Bamberg wenige Wochen später erklärte, dass es zu Unrecht ausgesprochen wurde.

Völlig anders die Reaktion des Landrates Waza in dem kleinen fränkischen Ort Höchstadt/Aisch, wohin es mich aus familiären Gründen verschlagen hatte: Als ehemaliger KZ-Häftling (SPD-Mann) verstand er meine schwierige Situation und half mir in vielen Dingen.

Ein hoher Kultusbeamter in Hannover setzte sich vehement dafür ein, dass ich in einen bereits laufenden Sonderreife-Lehrgang für ehemalige politische Häftlinge aufgenommen wurde. In Göttingen holte ich in wenigen Wochen mein Abitur nach. Dort hatte ich im Januar und Februar 1957 als Behausung nur ein unbeheizbares Dachzimmer gefunden und aus Sparsamkeit auch genommen – ich war vom Knast daran gewöhnt. Mir stand eine kleine Ausbildungsbeihilfe zu, ich wartete auf die bescheidene Haftentschädigung; beides kam nicht – die Bürokratie! Als ich völlig mittellos und total hungrig meinen Sachbearbeiter um einen Vorschuss auf die doch genehmigten Zahlungen bat, musste er dies ablehnen. Aber: Aus seiner Geldbörse gab er mir ohne Quittung 20 DM mit der Bemerkung: »Ich weiß, Sie bringen es mir wieder.« Wie dankbar war ich für diese menschliche Geste!

Alle in den Westen geflüchteten »Werdauer Oberschüler« wurden nach den Regelungen eines vom Deutschen Bundestag zu Beginn der 50er Jahre verabschiedeten Häftlingshilfegesetzes (HHG) rehabilitiert und nach § 10/4 des HHG als ehemalige politische Häftlinge anerkannt. Der Aufbau einer beruflichen Existenz in der Bundesrepublik Deutschland war für uns keineswegs einfach, wurde aber individuell unterschiedlich gemeistert, auch wenn die vor der Verhaftung geschmiedeten Pläne so gut wie nicht realisierbar waren. Alle holten das 1951 unterbrochene Abitur nach und studierten. Das war nicht leicht, da es während der gesamten Haftzeit keine Lehrbücher oder andere Weiterbildungsmöglichkeiten gegeben hatte. Die finanzielle Unterstützung während der Ausbildung war minimal; das ausschließlich in den Semestermonaten gezahlte Stipendium, für das regelmäßig Leistungsnachweise verlangt wurden, war bei mir nur wenig höher als die Miete für die Studentenbude. Die Haftentschädigung war damals gering.

Zu den bereits geschilderten Anpassungsproblemen nach langjähriger Haft kamen die nicht zu unterschätzenden Anpassungsprobleme an die völlig andere und damit ungewohnte westliche Gesellschaft hinzu, die meist allein, ohne Angehörige oder andere Unterstützung, bewältigt werden mussten.

Kaum einer von uns ehemaligen Häftlingen sprach damals über seine Erlebnisse, denn sie wurden vielfach angezweifelt, nicht für möglich gehalten. Die mitleidigen (nicht mitleidenden) Bemerkungen galten häufig der Psyche des Betroffenen, der selbst mehr oder weniger genau wusste, dass die Haft nicht ohne psychische Folgen geblieben war. Aber er hätte Hilfe und nicht Mitleid gebraucht. Die für Westdeutsche kaum nachvollziehbaren Strafhöhen führten gelegentlich sogar zu der geäußerten Vermutung, der Betroffene müsse »doch etwas ganz Schlimmes angestellt« haben. Viele zogen sich daraufhin frustriert in ihr Privatleben zurück.

Die in der DDR lebenden ehemaligen politischen Häftlinge wagten verständlicherweise überhaupt nicht, darüber zu sprechen. Viele ließen sogar ihre Familie, selbst ihre Kinder bis nach dem Ende des SED-Regimes über diesen Teil ihrer Biographie im Unklaren. Auch das sind nennenswerte und für den Einzelnen nicht zu unterschätzende Nachwirkungen politischer Verfolgung und Haft. Ihre Rehabilitierung konnte erst ab 1992 nach dem Rehabilitierungsgesetz (1. SED-Unrechtsbereinigungsgesetz) erfolgen.

Einige der bis 1956 geflüchteten Oberschüler haben diese Möglichkeit zusätzlich zu ihrer früheren Rehabilitierung nach dem Häftlingshilfegesetz wahrgenommen.

Zu den schlimmsten Auswirkungen des Prozesses gehören die sippenhaft-gleichen Benachteiligungen unserer völlig ahnungslosen und unbeteiligten Angehörigen. Es wurden nicht nur die Eltern schikaniert und drangsaliert, sondern mehr noch die teilweise zehn Jahre jüngeren Geschwister. Ihnen wurde eine angemessene schulische und berufliche Entwicklung verwehrt. Das hatte und hat bis in das Rentenalter (Rentenhöhe!) gravierende negative Auswirkungen.

Von allen einst aktiven »Werdauer Oberschülern«, ihren Mitwissern und Sympathisanten haben sich lediglich zwei auch später aktiv mit der politischen Entwicklung in der DDR beschäftigt. Sie wurden deshalb vom MfS nicht nur observiert, sondern auch zur Fahndung ausgeschrieben.[50] Gegen Heinz Rasch gab es Ende der 60er Jahre Maßnahmepläne des MfS, »Möglichkeiten festzustellen, den R. auf dem Gebiet der DDR zu inhaftieren«. Er war aber klug genug, in dieser Zeit nicht in die DDR zu reisen.

Auch ich blieb »politischer Aktivist«. In Erlangen, wo ich studierte, wurde ich Mitbegründer der politischen Studentengruppe »Collegia Politica«. Deren deutschlandpolitische Aktivitäten veranlassten das MfS zur Observierung und einer umfänglichen Expertise. Später wurde ich Wissenschaftlicher Mitarbeiter in einem Forschungsinstitut, welches die politische und wissenschaftliche Entwicklung in der DDR analysierte. Dessen Aktivitäten und Arbeitsergebnisse erschienen dem MfS für so bedeutsam, dass sich Minister Erich Mielke persönlich damit befasste.[51]

---

50 Die Fahndungsnummer für Beyer 1973 war 117 513.
51 BStU, MfS ZAIG Nr. 5784; auf das Institut und auf Beyer waren mehrere OibE und IM (auch Bundesbürger!) angesetzt; im Privat-Archiv Beyer befinden sich mehrere tausend Blatt Kopien einschlägiger Dokumente.

Die Bestrafung der Täter:
DDR-»Richter« ohne Unrechtsbewusstsein

1992 stellte Joachim Gäbler im Namen der gesamten Gruppe einen Strafantrag gegen die noch lebenden Akteure des Oberschüler-Prozesses von 1951. Die Staatsanwaltschaft Dresden verfasste nach entsprechenden Recherchen, Aktenstudien und Zeugenbefragungen 1996 eine Anklageschrift gegen die beiden noch lebenden Richter Fritz Hübsch und Edith Müller wegen Rechtsbeugung und Freiheitsberaubung.[52] Joachim Gäbler und ich wurden vom Landgericht Zwickau als Nebenkläger zugelassen.

Bereits bei den ersten Vernehmungen bestritten beide verantwortlichen »Richter« jegliche Schuld, gaben an, sich an den Prozess und insbesondere an Details nicht zu erinnern und entschuldigten sich damit, dass sie nur kurz als »Volksrichter« ausgebildet worden waren und sich der damals üblichen Rechtsprechung untergeordnet hätten.

Wegen des hohen Alters der beiden Angeklagten wurden mehrere Gutachten veranlasst und eingeholt. Bei den Vernehmungen und Befragungen meinte die ehemalige DDR-Richterin Müller, »dass auch aus heutiger Sicht das Urteil gerechtfertigt« sei, sie »keinerlei Schuldbewusstsein« habe, sondern im Gegenteil das derzeit gegen sie laufende Verfahren »als Unrecht interpretiert«.

Das Verfahren gegen den Landrichter Hübsch wurde abgetrennt und wegen erwiesener Verhandlungsunfähigkeit eingestellt. Die Einstellung des Verfahrens gegen die ehemalige Richterin Müller erfolgte »nach § 153 Abs.2 StPO gegen Zahlung eines Geldbetrages von 4.000 DM«.

Das Ergebnis langjähriger Ermittlungen, einer sauberen Anklage und vieler Vernehmungen sowie Gutachten mag wohl niemanden zufrieden stellen.

Dennoch: die »Volksrichterin« Edith Müller hat mit ihrem Angebot auf Einstellung des Verfahrens bei Zahlung einer Geldbuße juristisch ein Schuldanerkenntnis gegeben.

---

52 Anklageschrift vom 17.12.1996; Aktenzeichen: 831 Js 6504/93.

Vorbehalte und späte Anerkennung in der Heimat: Die moralische Rehabilitierung

Im Unterschied zu den Solidaritätsbekundungen im Jahre 1956 wurden seit 1990 in Werdau uns gegenüber teilweise erhebliche Vorbehalte geäußert und auch Legenden über angebliche Verbrechen verbreitet, die wir begangen haben sollten – z.B. die Vorbereitung einer Brückensprengung in der Ronneburger Strasse.

Daher dauerte es Jahre, bis im Oktober 1997 auf Initiative des Werdauer SPD-Stadtrates Michael Jubelt vom Sächsischen Staatsminister für Kultus und dem Werdauer Oberbürgermeister eine Gedenktafel für die »Werdauer Oberschüler« im Alexander-von-Humboldt-Gymnasium enthüllt wurde. Es hatte lange Zeit gebraucht, bis eine Mehrheit im Stadtrat dafür gefunden werden konnte.

Für uns verurteilte ehemalige Schüler war die feierliche Gedenkveranstaltung eine wichtige moralische Rehabilitierung am Heimatort.

Die Gedenktafel ist im Treppenhaus des Werdauer Alexander-von Humboldt-Gymnasiums für alle Schüler sichtbar angebracht, der Blumenschmuck wird ständig erneuert. Ob die heutigen Schülerinnen und Schüler des Gymnasiums aber auch wissen, was damals geschah?

In einem vom MDR in Auftrag gegebenen, erstmals zum 50. Jahrestag der Verurteilung am 3. Oktober 2001 im Fernsehen gesendeten und inzwischen mehrfach ausgestrahlten Film »Der Oberschülerprozess« sprachen sieben der Verurteilten eindrücklich über ihr persönliches Schicksal. Dabei hat mich besonders beeindruckt und zugleich schockiert die Aussage von Joachim Gäbler, als er sagte:

»Ich habe eigentlich nie bereut, dass ich das gemacht habe; in der ganzen Zeit nicht – vielleicht bis heute! Aber heute muss ich sagen: wenn ich diese Politik, die heutige Politik sehe, wenn ich insbesondere das Urteil des BGH sehe, der diejenigen, die unsere Täter waren, die uns gepeinigt haben, die uns ungerechterweise – sonst hätte man ja das Urteil nicht revidiert – verurteilt haben, wenn man die heute belobt und sie finanziell noch besser stellt als die Opfer, dann muss ich sagen, dann bereue ich das, eigentlich zum ersten Mal! Aber erst seit heute!«

Er meinte damit auch den gegenwärtigen Main-Stream gegenüber den Opfern der SED-Justiz, zu dem Bundespräsident Johannes Rau in einem Grußwort zum Kongress der Verbände politisch Verfolgter im September 2000 wie folgt formulierte:

»Haben sich die Opfer und der Widerstand für jene, die sie geleistet haben, wirklich gelohnt? So fragen nicht wenige der Betroffenen, und ihre Antworten sind oft von Enttäuschungen und von Verbitterung geprägt. Sie fühlen sich von der Gesellschaft vergessen und von manchen Tätern, die längst wieder im Rampenlicht stehen, verhöhnt. Sie fühlen sich von den früheren Mitläufern belächelt oder gar abgelehnt und ausgegrenzt, und sie fühlen sich von so manchen Bürokraten behandelt wie lästige Bittsteller.«

Mich persönlich hat die Grußkarte eines in der DDR Ende der siebziger Jahre wegen oppositioneller Handlungen verfolgten Freundes versöhnlich und aufmunternd gestimmt:

»Lieber Achim, am 3.10. jährt sich Euer Schandurteil; nichts war vergebens! Für uns seid Ihr, bist Du, Vorkämpfer gewesen. Ohne Euren Mut hätten wir unseren Weg nicht gefunden. In Dankbarkeit, Dich kennen zu dürfen, Dein Karsten Dümmel«

ZUM GEDENKEN
AN DIE 19 JUGENDLICHEN
DIE AM 3. OKTOBER 1951
IM PROZESS GEGEN DIE
„WERDAUER OBERSCHÜLER"
VON DER SED – JUSTIZ
ZU INSGESAMT 130 JAHREN
ZUCHTHAUS VERURTEILT
WURDEN.
IN SELBSTGEFERTIGTEN
FLUGBLÄTTERN TRATEN
SIE FÜR DIE EINHEIT
DEUTSCHLANDS EIN UND
PROTESTIERTEN GEGEN
STALINISTISCHEN TERROR.

Seit 1997 in Werdau: Gedenktafel im Alexander-von-Humboldt-Gymnasium.

Dokumenten-Anhang

19 Hausstrafen

(1) Hausstrafen können durch Verwarnung, Entzug von Vergünstigungen sowie der Besuchs- und Schreiberlaubnis, Arrest bis zu 21 Tagen, Absonderung oder Versetzung zur Strafabteilung ausgesprochen werden.

(2) Die Arreststrafe wird in Einzelhaft in der Strafzelle bei Entzug der Schreib- und Besuchserlaubnis sowie Entzug sämtlicher Vergünstigungen u.a. der Arbeit, dem weichen Nachtlager, vollzogen. In besonders schweren Fällen kann Beschränkung der Kost auf Wasser und Brot erfolgen.

(3) Bei Arreststrafen über drei Tage ist erstmalig am vierten Tag, in der weiteren Folge an jedem dritten Tag, eine normale Tagesverpflegung und normales Nachtlager zu gewähren.

37 Besuchserlaubnis

(1) Die Strafgefangenen können bei guter Führung und Arbeitsleistung in einem Zeitraum von drei Monaten einmal den Besuch ihrer nächsten Angehörigen empfangen. Der Zeitpunkt wird von der Vollzugsstelle bestimmt. Die Sprecherlaubnis muss von den Angehörigen schriftlich beantragt werden.

(2) Als Angehörige im Sinne dieser Vorschrift gelten Ehegatten, Eltern, Kinder über 16 Jahre, Geschwister und Verlobte.

(3) Die Besuchszeit ist auf 30 Minuten beschränkt. ...

38 Briefverkehr

(1) Es darf innerhalb eines Zeitraumes von 2 Monaten [handschriftlich geändert auf 1 Monat] nur 1 Brief an einen der nächsten Angehörigen oder Bekannten geschrieben und von einem dieses Personenkreises empfangen werden. Es sind nur die für den Briefverkehr zugelassenen Briefbogen zu verwenden.

42 Freistunden

(1) Den Strafgefangenen ist täglich eine auf 30 Minuten beschränkte Bewegung unter freiem Himmel zu gestatten. Rauchen und Unterhaltung während dieser Zeit sind untersagt.

Auszug aus der „Vorläufigen Strafvollzugsordnung für die Durchführung des Strafvollzuges in Strafanstalten unter polizeilicher Verwaltung" vom 1. April 1950 (Quelle: BArch, DO 1/11.0/1446)

Anlage 3

Auszug aus dem Bericht der Oberschule Werdau.

Betr.: Junge Gemeinde.

Die Tätigkeit der "Jungen Gemeinde" kann von den Lehrern der Oberschule in ihren Auswirkungen im Unterricht beobachtet werden. Vor allem ist im Geschichtsunterricht festzustellen, daß bei Behandlung der Reformation Luthers, Kampf zwischen Kaiser und Papst usw. die Schüler die Sachlage in einem Lichte sehen, das nur von der J.G. ausgehen kann. Die Beurteilung wird dort anscheinend im rein idealistischen Sinne vorgenommen, so daß ein Widerspruch entsteht zwischen den Lehrern der Schule und der Kirche. Aber auch in den naturwissenschaftlichen Fächern werden ähnliche Beobachtungen gemacht. Konkret wurde festgestellt, daß der Pfarrer Heidrich Meißner im Religionsunterricht (in der Schule) die Ansicht vertrat, der Mensch und alle Lebewesen seien bereits seit der Schöpfung in dem Zustande auf der Erde vorhanden, in dem wir sie heute antreffen. Danach sei die Lehre von der Entwicklung (Darwin) zu verwerfen. In den Aufsätzen des Deutschunterrichts tauschen Gedankengänge auf, die an die Zeit des Pietismus erinnern (Gott schuf eines der größten, rätselhaften Wunder auf Erden: das Wasser!!). Ein Zug starker "Frömmigkeit" geht durch einen großen Teil der Schüler (nach Ansicht der Lehrer wahrscheinlich als Ausdruck eines gewissen Widerstrebens gegen die Verhältnisse in der Tagespolitik).

Genaue Auskünfte über die Tätigkeit der J.G. sind von den Schülern nicht zu erhalten. – wahrscheinlich weil sie irgendwelche "Unterdrückungsmaßnahmen" fürchten. Bei der Nachfrage nach der Teilnahme an der J.G. wird erklärt, daß alle Jugendlichen, die der Kirche angehören, Mitglieder der J.G. seien, so daß man nicht im einzelnen sagen könne, wer ihr angehöre. Sie sei auch keine besondere "Organisation", wer von den Kirchenmitgliedern hingehe, tue dies völlig freiwillig. Erst nach wiederholten Fragen, mit Hinweis auf eine gewisse Feigheit, melden sich einige Teilnehmer der regelmäßigen Veranstaltungen. Dabei handelt es sich dann meist um Schüler, die dem Sozialismus nicht ganz positiv gegenüberstehen.

Interessant ist es, daß auch Schüler, deren Eltern Mitglieder der SED sind, zur J.G. gehören. Die Betriebsgruppe der SED hat bereits deswegen in einer gemeinsamen Sitzung mit den SED-Eltern hierzu Stellung genommen. Ein Vater (SED) berichtet, daß er seinen Sohn nicht vom Besuch der J.G. abhalten könne. Ja, als diese für eine Zeit in seinem Wohnorte Steinpleis keine Veranstaltungen mehr durchführte (er nahm an, sie sei verboten gewesen – auch er konnte nichts genaues erfahren,) sei sein Sohn regelmäßig nach Fraureuth (Thüringen) gegangen, um dort die Abende der J.G. zu besuchen.

Die Zurückhaltung bei Nachfragen nach J.G., die "Vorsicht" und die Tatsache, daß man nichts erfahren kann, was auf die wirkliche Tätigkeit schließen läßt, mutet tatsächlich etwas konspirativ an und es erscheint dem Lehrer, als wachse im Augenblick der Nachfrage eine Mauer auf zwischen Lehrer und Schüler.

Die Kriminalpolizei hat sich bereits vor einigen Monaten bei der Betr.-Gruppe der SED nach der J.G. erkundigt, da auch sie über keine aufschlußreichen Quellen verfüge.

Die Lehrerschaft vermutet, daß der Zulauf zur J.G. deswegen so groß und rege ist, weil sie angeblich "unpolitisch" arbeite, während in der FDJ eine konsequent demokratische und politische Linie eingehalten wird. Erst nachdem die FDJ-Schulgruppe ebenfalls größeren Wert auf eine gewisse "unpolitische" Arbeit legte, wurde die Teilnahme an den Veranstaltungen der FDJ reger.

Der Einfluss der Jungen Gemeinde auf Schüler der Oberschule Werdau

Aus einem Bericht nach der Überprüfung von 153 Oberschulen in der Sowjetischen Besatzungszone im Frühjahr 1949

97

Ein Wort an die Jugend der Sowjetzone

(Quelle: Hefte der Kampfgruppe, Nr.1, November 1951)

Die deutsche Jugend in der sowjetischen Besatzungszone steht vor einer schweren Entscheidung. Obwohl sie mit stalinistischer Propaganda überschüttet ist, um worben von der SED, mit Privilegien und Karriere-Aussichten ausgestattet, falls sie sich zum gehorsamen Knecht des Politbüros entwickelt, hat sie sich in ihrer Mehrheit noch keineswegs davon einwickeln lassen. Ein Teil der Jugend allerdings ist unsicher geworden, wie weit er den Parolen des Westens noch Glauben schenken könne, solange den Worten keine Taten folgen. Ein anderer Teil aber versucht, durch Verteilung selbstverfertigter Flugblätter, durch F-Aktionen und Arbeit in kleinen Zirkeln dem sowjetischen Herrschaftssystem Widerstand entgegenzusetzen und der Empörung über Lüge und Terror Luft zu machen.

Immer wieder dringt aus der Zone des Schweigens die Nachricht zu uns, daß Jungen und Mädchen unter 21 Jahren sich entgegen allen Warnungen zu Widerstandsaktionen gedrängt oder solche auf eigene Initiative durchgeführt haben. Die schlimme Nachricht aber folgt auf dem Fuße, daß der sowjetzonale Staatssicherheitsdienst unter der deutschen Jugend des Ostens eine Verhaftungswelle begonnen hat, mit der in manchen Kreisen und Orten bis zu 40 junge Menschen den Vernehmungs- und Liquidierungsmethoden des SSD überantwortet sind.

Die deutsche Öffentlichkeit hat zu der Verurteilung einiger von ihnen, wie zum Beispiel Hermann Josef Flade, Arno Esch, Heinz Püschel, mit solchem Nachdruck Stellung genommen, daß ihre Namen in aller Welt zum Symbol eines ungebrochenen Widerstandsgeistes geworden sind, der der Lüge nichts anderes als die Wahrheit, den Ketten der Knechtschaft nichts anderes als die Freiheit der eigenen Überzeugung entgegenzustellen gewillt ist. Der Ruf nach Erlösung gerade aus dem Munde der deutschen Jugend hinter dem Eisernen Vorhang darf nicht ungehört verhallen. Er muß von der ganzen freien Welt aufgenommen und den sowjetischen Machthabern unaufhörlich vorgehalten werden. Die Jugend aber muß von uns gewarnt werden, damit sie sich nicht selbst diesen Machthabern überantwortet.

Wir richten deshalb ein eindringliches Wort an die deutsche Jugend hinter dem Eisernen Vorhang. Laßt euch nicht provozieren! Wir warnen euch vor allen unüberlegten Aktionen, durch die ihr der SED nicht ernsthaft schaden, aber euer eigenes Leben zerstören könnt! Bewahrt euch für den Zeitpunkt, an dem sich der Einsatz lohnen wird. Habt Vertrauen darin, daß andere und stärkere Kräfte am Werk sind, die euch und der ganzen unterdrückten Bevölkerung der Sowjetzone zu helfen gewillt sind. Wir verlangen nicht von euch Feigheit und Schwäche. Wir erwarten vielmehr, daß ihr die Augen weit aufmacht, um das euch umfangende System der Lüge zu erkennen und zu durchschauen. Denn ihr werdet die großen Aufgaben, die in der Zukunft euer harren, nicht meistern können, wenn ihr euch — den systematischen Verdummungsversuchen der SED zum Trotz — nicht in eigener Arbeit ein ausgezeichnetes berufliches und politisches Wissen angeeignet habt. Eure Aufgabe ist nicht die, ohnmächtigen Widerstand zu leisten, sondern Kulturträger zu werden: innerlich freie Menschen für ein freies Europa der Zukunft.

KAMPFGRUPPE GEGEN UNMENSCHLICHKEIT
gez. Ernst Tillich

Berlin, den 11. April 1951

Anm. Dies ist eine der seit Januar 1951 immer wieder durch Presse und Rundfunk verbreiteten Warnungen der KgU an die Jugend der Sowjetzone vor Beteiligung an Widerstandsorganisationen.

12

Aufruf der »Kampfgruppe gegen Unmenschlichkeit« (KgU)

Warnung vor »unüberlegten Aktivitäten« und Hinweis auf »stärkere Kräfte«. Die Aufforderung, sich dafür bereit zu halten, wurde von den DDR-Gerichten als »Verpflichtung zur Partisanentätigkeit« betrachtet

Protest gegen Schandurteile

Die Werdauer Oberschüler müssen befreit werden!

Berlin, 10. 10. (Eigenmeldung). Verschiedene Organisationen und politische Persönlichkeiten Berlins und des Westens haben gegen die am Mittwoch bekanntgewordenen Terrorurteile gegen 19 Oberschüler aus Werdau in Sachsen scharf protestiert. Wie der TAG berichtete, wurden die 19 Jugendlichen wegen ihrer freiheitlichen Gesinnung zu insgesamt 130 Jahren Zuchthaus verurteilt.

Die Bundestagsfraktion der CDU/CSU in Bonn erklärte zu den Urteilen: „Nichts zeigt deutlicher die wirklichen Verhältnisse in der angeblich freien Sowjetzone, als dieses Schandurteil." Das einzige „Verbrechen" der Oberschüler habe darin bestanden, daß sie bei den Einheitswahlen im Oktober 1950 Wahlplakate der SED überklebt und Propagandazettel verteilt hätten. Die Forderung der Bundesregierung, daß vor Abhaltung freier Wahlen eine internationale Untersuchung darüber stattfinden müsse, ob in der Sowjetzone dafür überhaupt die Voraussetzungen gegeben sind, erhalte durch das Zwickauer Urteil eine tragische Bestätigung ihrer Notwendigkeit.

Der Kampfbund Deutscher Jugend hat in einem Schreiben an das Landgericht Zwickau gegen die Terrorurteile protestiert. In dem Schreiben heißt es, die Richter dieser Jungen und Mädchen seien in den Augen aller freiheitlich gesinnten Menschen zu Nachfolgern des berüchtigten Nazirichters Freisler geworden. Diese ungeheure Rechtsbeugung sei ein erneuter Beweis für die Rechtlosigkeit des Menschen gegenüber dem allmächtigen stalinistischen Parteiapparat.

Unter Hinweis auf die Zwickauer Urteile hat die Vereinigung der Opfer des Stalinismus die Bundesregierung gebeten, die Forderung nach Freilassung aller politischen Gefangenen als unabdingbare Voraussetzung für ein gesamtdeutsches Gespräch zu unterstreichen.

*

DT. Die Werdauer Oberschüler sind ins Zuchthaus geworfen worden, weil sie freie Wahlen gefordert haben. Vor einigen Tagen hat der Sowjetzonen-Staatspräsident Wilhelm Pieck eine Amnestie verkündet, von der 20 000 Häftlinge betroffen werden sollen. Die Zwickauer Urteile sind der Beweis dafür, daß die Amnestie ausschließlich aus propagandistischen Gründen ausgesprochen wurde. Solange täglich Menschen verhaftet werden, solange Jugendliche in die Zuchthäuser geworfen werden und solange das Schicksal Zehntausender in den ersten Nachkriegsjahren Verhafteter unbekannt ist, können Grotewohls Erklärungen über die „volle Freiheit in der DDR" nur als Verhöhnung der freien Welt gewertet werden.

Als der 18jährige Oberschüler Hermann Josef Flade zum Tode verurteilt wurde, hat sich die freie Welt zu einem einmütigen Protest zusammengefunden und die Sowjetzonen-Behörden gezwungen, das Urteil zu revidieren. Die Zwickauer Schandurteile erfordern eine gleiche Haltung. Die Parteien, die Behörden, die Schulen, die Gewerkschaften und alle freiheitlichen Organisationen sind aufgerufen, von der Sowjetzonen-Regierung die Aufhebung der Schandurteile zu fordern. In dem gleichen Geist der Einmütigkeit, mit dem Hermann Josef Flade vor dem Schafott gerettet wurde, muß jetzt alles getan werden, um die Werdauer Oberschüler aus dem Zuchthaus zu befreien. Das ist Aufgabe aller Deutschen.

Presseausschnitt aus: »Der Tag«, Berlin (West), 11. Oktober 1951

Freiheit für die 19 Schüler!

Chefredakteur des TAG fordert Protest gegen die Urteile

Die Urteile des Zwickauer Landgerichts gegen 19 Oberschüler haben in ganz Deutschland Empörung und Proteste ausgelöst. Der Chefredakteur des TAG, Wilhelm Gries, forderte am Donnerstag über den RIAS alle Deutschen zu einer Solidaritätsaktion mit den 19 Verurteilten auf. Wilhelm Gries erklärte u. a. folgendes:

„Die kommunistische ‚Berliner Zeitung‘ beklagt sich darüber, daß ein junger Student zu drei Wochen Gefängnis verurteilt worden sei, weil er in Westberlin mit einem Paket sowjetdeutscher Zeitungen gefaßt worden war. Diesen Vorwurf wagt das Blatt im gleichen Zeitpunkt zu erheben, in dem die freien Zeitungen Berlins den neuesten Akt einer kriminellen Justiz bekanntgaben, dem in Zwickau 19 Jugendliche im Durchschnittsalter von etwa 18 Jahren mit insgesamt 130 Jahren Zuchthaus zum Opfer gefallen sind.

„Das ist ein Kontrast, der uns nicht erst heute erschüttert. Wir wollen ihn nicht in der Weise auflösen, daß auch unsere eigene Justiz, die dem Recht, dem Gesetz und der Menschlichkeit verpflichtet ist, die grausamen Maßstäbe kommunistischer Gerichte übernimmt.

„Was von uns allen gefordert wird, das ist ein sichtbarer Akt der Solidarität mit 19 jungen Menschen, die sich mit dem Wagemut sauberen Gewissens für die Freiheit einsetzten. Was sie getan haben, das war ein Dienst an der Wahrheit, denn sie haben die kommunistische Wahlkomödie vom Oktober vorigen Jahres in Propagandazetteln als das gekennzeichnet, was sie wirklich ist.

„Diese Jugendlichen, unter denen sich auch mehrere Mädchen befinden, haben etwas getan, was uns in besonderer Weise bewegt. Sie haben mit ihren kleinen Propagandazetteln tapfer auch gegen das Todesurteil Stellung genommen, das damals ein kommunistisches Gericht gegen ihren Kameraden Hermann Josef Flade verhängte. Dieser bis dahin krasseste Fall einer entarteten Justiz hat damals das deutsche Volk alarmiert. Wir selbst waren es, die im TAG zum Protest gegen ein Urteil aufriefen, das jedes menschliche Gefühl für Recht und Gerechtigkeit auf das schwerste verletzte, und dieser Protest blieb nicht ohne Erfolg. Die Jugendlichen von Zwickau aber sind durch ihren menschlich so tapferen und ehrenvollen Akt der Solidarität zu leidenden Schicksalsgefährten Hermann Josef Flades geworden.

„Wir alle, die wir in Freiheit leben und in Freiheit unsere Meinung vertreten, schulden ihnen tätige Hilfe. Wir rufen deshalb auch heute wieder alle Deutschen auf, sich mit uns im Protest gegen das erbarmungslose Urteil von Zwickau zu vereinen. Wir wenden uns vor allem an die deutsche freiheitliche Jugend, die durch ihre mächtige Bünde ihre Stimme für die Kameraden und Kameradinnen von Zwickau erheben muß. Wir wenden uns in gleicher Weise an die großen Organisationen unseres politischen, sozialen und kirchlichen Lebens. Bringt euren Abscheu vor einer Justiz zum Ausdruck, die sich zu einem gnadenlosen Werkzeug des politischen Hasses erniedrigen läßt. Wendet euch gegen ein Gericht, das die Rechtsprechung wie einen Auftrag zur Auslöschung des politischen Gegners betreibt, — selbst wenn ihre Opfer noch Kinder sind. Fordert die Aufhebung des furchtbaren Urteils! Den Schuldigen aber sagen wir, daß wir die Stunde herbeizwingen werden, die Recht und Gerechtigkeit auch in der Zone wieder zur Geltung bringt.“

„Mord an jungen Deutschen“

Berlin, 11. 10. (Eigenmeldung). „Das deutsche Volk wird Sie eines Tages als Verbrecher gegen die Menschlichkeit und wegen vorsätzlich versuchten Mordes an jungen Deutschen zur Rechenschaft ziehen“, heißt es in einem Brief der „Vereinigung politischer Ostflüchtlinge“ (VPO) an den Vorsitzenden des Zwickauer Landgerichts zum Terrorurteil gegen die 19 Oberschüler. Diese unmenschlichen Urteile seien eine realistische Untermalung der Sirenenklänge Grotewohls über Einheit und freie Wahlen.

Presseausschnitt aus: »Der Tag«, Berlin (West), 12. Oktober 1951

100

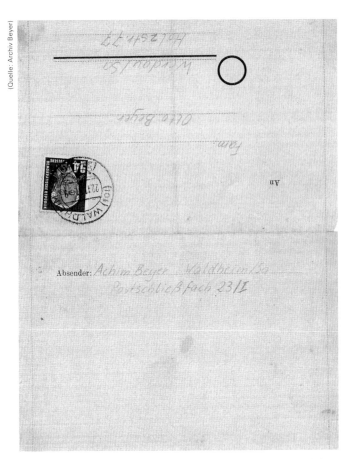

Brief von Achim Beyer aus der Haft an seine Eltern vom 15.11.1951 (Vorderseite)

Anordnungen für den Empfänger

Untersuchungs- oder Strafgefangene dürfen innerhalb von 4 Wochen nur einmal
Post empfangen, die in deutlicher Blockschrift geschrieben sein muß und nicht mehr
als 15 Zeilen umfassen darf. Fotos, Bilder und dgl. sind nicht beizulegen.
Bei Nichtbeachtung der Anordnung wird Post nicht ausgehändigt.
Es wird ersucht, Rückporto beizufügen.

DDR   Strafvollzugsanstalt   *Waldheim/Sa*, den *15. XI. 51*

Liebe Eltern! Gestern bin ich in der Vollzugsanstalt hier
angekommen. Es ist alles in Ordnung, ich bin gesund und
munter. Ich hoffe auf baldige Antwort. Besuchszeit wird
zur gegebenen Zeit von der Anstalt geregelt. Wenn möglich,
schickt sogleich ein Paket (3kg) mit Nahrungsmitteln ab. Nicht
gestattet sind Medikamente etc, sowie Glas- und Blechgefäße.
Nächstens folgt mein monatlicher Terminbrief. Paket-
empfang ist monatlich. Ich hoffe Euch bei bester Ge-
sundheit. Den letzten Brief werdet Ihr schon erhalten ha-
ben. Genaue ärztl. Untersuchung ergab: ohne Befund; also
kein Anlass zu Sorge. Schickt bitte Fettigkeit, Wurst, Zucker,
Gebäck, Ihr wisst schon was alles. Nun recht herzl.
Grüsse an Euch und Anne, sowie alle Bekannten.
1000 Grüsse und Küsse Euer Sohn
Achim

Brief von Achim Beyer aus der Haft an seine Eltern (Rückseite)

Der erste Brief aus dem Strafvollzug in Waldheim (15.11.1951) auf den vorgeschriebe-
nen 15 Zeilen gibt verschiedene Hinweise, u.a. auf den eingeschränkten Postempfang
und die unzureichende Versorgung mit Lebensmitteln

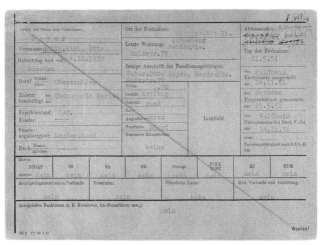

»Laufkarte« Achim Beyer

In der Laufkarte sind u.a. die verschiedenen Haftorte und die dazugehörenden Zeiten verzeichnet

Weiterführende Literatur - Auswahl

Früher Widerstand und Prozesse:

Flade, Hermann: Deutsche gegen Deutsche, Freiburg 1963.

Fricke, Karl Wilhelm: Politik und Justiz in der DDR. Zur Geschichte der politischen Verfolgung 1945 - 1968. Bericht und Dokumentation, Köln 1979.

Fricke, Karl Wilhelm / Steinbach, Peter / Tuchel, Johannes (Hrsg.): Opposition und Widerstand in der DDR. Politische Lebensbilder. München 2002.

Graul, Elisabeth: Die Farce. Autobiographischer Roman, Magdeburg 1991.

Henke, Klaus-Dieter / Steinbach, Peter / Tuchel, Johannes (Hrsg.): Widerstand und Opposition in der DDR, Köln 1999.

Kaff, Brigitte (Hrsg.): »Gefährliche politische Gegner«. Widerstand und Verfolgung in der sowjetischen Zone/DDR, Düsseldorf 1995.

Köpke, Horst / Wiese, Friedrich-Franz: Mein Vaterland ist die Freiheit. Das Schicksal des Studenten Arno Esch, Rostock 1997.

Kreutzmann, Antje u.a.: Widerstand junger Liberaler an der Oberschule Genthin 1947 - 1949, Magdeburg 1999.

Krönig, Waldemar/Müller, Klaus-Dieter: Anpassung - Widerstand - Verfolgung. Hochschule und Studenten in der SBZ und DDR 1945-1961, Köln 1994.

Moeller, Peter: ... sie waren noch Schüler. Repressalien - Widerstand - Verfolgung an der John-Brinckman-Schule in Güstrow 1945 - 1955, Rostock 1999.

Mühlen, Patrik von zur : Der »Eisenberger Kreis«. Jugendwiderstand und
Verfolgung in der DDR 1953 - 1958, Bonn 1995.

Müller, Klaus-Dieter / Osterloh, Jörg: Die Andere DDR. Eine studentische
Widerstandsgruppe und ihr Schicksal im Spiegel persönlicher Erinnerungen und sowjetischen NKWD-Dokumente, Dresden 1995.

Universität Leipzig (Hrsg.): Studentischer Widerstand an der Universität
Leipzig 1945 - 1955, Leipzig 1997.

Haftbedingungen der frühen 50er Jahre:

Bautzen-Komitee (Hrsg.): Das Gelbe Elend: Bautzen-Häftlinge berichten.
1945 - 1956, Berlin 1992.

Beckmann, Andreas / Kusch, Regina: Gott in Bautzen. Gefangenenseelsorge
in der DDR, Berlin 1994.

Blunck, Jürgen: »Vom Leben trennt dich Schloß und Riegel.« Das Schicksal
der Dichterin Edeltraut Eckert, München 2000.

Finn, Gerhard: Die politischen Häftlinge in der Sowjetzone 1945 - 1959, Köln 1989.

Finn, Gerhard (unter Mitarbeit von Karl Wilhelm Fricke): Politischer Strafvollzug in der DDR, Köln 1981.

Kempowski, Walter: Im Block. Ein Haftbericht, München 1987.

Rieke, Dieter: Geliebtes Leben. Erlebtes und Ertragenes zwischen den
Mahlsteinen jüngster deutscher Geschichte, Berlin 1999.

Scholz, Lothar: Im Namen von Marx - Engels - Lenin - Stalin. Eine Jugend in
sowjetischen Strafgefangenenlagern, Berg 2000.

Schute, Claudia (Hrsg.): Schicksal Bautzen. Politische Häftlinge der SBZ/
DDR erzählen - junge Journalisten porträtieren, Bonn 1999.

Praxis politischer Justiz in den 50er Jahren:

Amos, Heike: Justizverwaltung in der SBZ/DDR. Personalpolitik 1945 bis
Anfang der 50er Jahre, Köln 1996.

Bundesministerium der Justiz (Hrsg.): Im Namen des Volkes? Über die
Justiz im Staat der SED. Dokumentenband zur Ausstellung des Bundes-
ministeriums der Justiz, Leipzig 1994.

Engelmann, Roger / Vollnhals, Clemens (Hrsg.): Justiz im Dienste der Par-
teiherrschaft. Rechtspraxis und Staatssicherheit in der DDR, Berlin 1999.

Furian, Gilbert: Der Richter und sein Lenker. Politische Justiz in der DDR.
Berichte und Dokumente, Berlin 1992.

Rottleuthner, Hubert u.a.: Steuerung der Justiz in der DDR: Einflußnahme
der Politik auf Richter, Staatsanwälte und Rechtsanwälte, Köln 1994.

Sächsisches Staatsministerium der Justiz (Hrsg.): Sächsische Justiz in
der sowjetischen Besatzungszone und der frühen DDR. 1945 bis 1957,
Dresden 1998.

Wentker, Hermann: Justiz in der SBZ/DDR - Transformation und Rolle ihrer
zentralen Institutionen, München 2001.

Werkentin, Falco: Politische Strafjustiz in der Ära Ulbricht, Berlin 1995.

Werkentin, Falco: Recht und Justiz im SED-Staat, Bonn 1998.

Nachwirkungen der Haft:

Eberhardt, Andreas: Verschwiegene Jahre. Biographische Erzählungen von Gefangenschaft und dem Leben danach, Berlin 1998.

Gedenkstätte für die Opfer politischer Gewalt...: Zur medizinischen, psychologischen und politischen Beurteilung von Haftfolgeschäden nach 1945 in Deutschland, Magdeburg 1995.

Müller, Klaus-Dieter / Stephan, Annegret (Hrsg.): Die Vergangenheit läßt uns nicht los. Haftbedingungen politischer Gefangener in der SBZ/DDR und deren gesundheitliche Folgen, Berlin 1998.

Priebe, Stefan / Denis, Doris / Bauer, Michael (Hrsg.): Eingesperrt und nie mehr frei? Leiden nach politischer Haft in der DDR, Darmstadt 1996.

Abkürzungen

BArch	Bundesarchiv
BGH	Bundesgerichtshof
BStU	Der Bundesbeauftragte für die Unterlagen des Staatssicherheitsdienstes der ehemaligen DDR
FDJ	Freie Deutsche Jugend (Jugendorganisation in der DDR, 1946 gegründet)
GStA	Generalstaatsanwalt(schaft)
HA	Hauptabteilung
IM	Inoffizieller Mitarbeiter (des MfS)
KgU	Kampfgruppe gegen Unmenschlichkeit
KPdSU	Kommunistische Partei der Sowjetunion
MfS	Ministerium für Staatssicherheit
OibE	Offizier (des MfS) im besonderen Einsatz
RIAS	Rundfunk im amerikanischen Sektor (Berlins)
SAPMO	Stiftung Archiv der Parteien und Massenorganisationen der DDR im Bundesarchiv
SBZ	Sowjetische Besatzungszone Deutschlands
SED	Sozialistische Einheitspartei Deutschlands
SHA	Sächsisches Hauptstaatsarchiv
SMT	Sowjetisches Militärtribunal
StAC	Staatsarchiv Chemnitz
StPO	Strafprozessordnung
UFJ	Untersuchungsausschuss Freiheitlicher Juristen
VEB	Volkseigener Betrieb (verstaatlichtes Unternehmen)
ZK	Zentralkomitee der SED

Über den Autor

Achim Beyer, Jahrgang 1932, Diplom-Volkswirt und Wissenschaftlicher Dokumentar, war als einer der »Werdauer Oberschüler« von 1951 bis 1956 in der DDR inhaftiert. Noch 1956
in den Westen geflohen, bestand er 1957 in Göttingen seine
Abiturprüfung, wurde Mitbegründer des »Collegium Politicum«
an der Universität Erlangen und war dort seit Mitte der 60er
Jahre Vorsitzender des »Kuratorium Unteilbares Deutschland«.
Von 1963 bis 1993 war Achim Beyer Wissenschaftlicher Mitarbeiter des Instituts für Gesellschaft und Wissenschaft an
der Universität Erlangen-Nürnberg und dort in der DDR- und
vergleichenden Deutschlandforschung tätig. Als Zeitzeuge ist
er weiterhin Referent in der politischen Bildungsarbeit.